作者简介

李照艺

跆拳道世界杯女子团体冠军

世界军人跆拳道锦标赛冠军

李照艺从小就展现出了过人的运动天赋，自 13 岁起练习跆拳道，16 岁就进入了国家跆拳道队，并逐渐开始在国内外大赛中崭露头角。2009 年，李照艺获得亚洲青年锦标赛冠军；2011 年，李照艺获得世界跆拳道锦标赛亚军（46kg）；2012 年，李照艺获得跆拳道世界杯女子团体冠军（49kg）；2013 年，李照艺获得第十二届全运会跆拳道冠军（49kg）与女子创新技术奖；2014 年，李照艺获得仁川亚运会跆拳道亚军（49kg）；2015 年，李照艺获得跆拳道世界杯女子团体冠军（49kg）；2018 年，李照艺获得世界军人跆拳道锦标赛冠军。退役后，为了进一步提升个人能力，李照艺在北京体育大学学习并获得了硕士学位，并于 2021 年就职于北大附中新馨学校，教授跆拳道课程，努力为体育事业的发展贡献自己的力量。

本书使用说明

小节标题

小节总体
内容介绍

第 2 章 跆拳道的准备活动

2.7 腰部运动

在跆拳道运动中，腰部的动作很多，因此在练习跆拳道之前要做一些腰部运动，防止腰部受损；同时也要保护髋关节，让髋关节得到有效的锻炼。动作的力度一定不要太大。

侧面视角

双手握拳，拳背朝上，两拳之间距离较近。

小提示

1 两脚开立，与肩同宽，双手握拳置于胸前，拳锋相对。

2 按照箭头方向向左后方用力，做拧身转体动作。

① ②

多角度照片展示

动作步骤序号

技术关键

注意转动腰部时双脚在原地保持不动。

技术关键提示

3 身体收回到初始姿势，双手握拳置于胸前，拳锋相对。

4 按照箭头方向向右后方用力，做拧身转体动作，转体时腿部可顺势拧转。

动作步骤照片

③ ④

30

动作方向

动作步骤的文字讲解

在线视频访问说明

本书提供部分动作的在线视频，您可通过微信"扫一扫"，扫描书中的二维码进行观看。

步骤1　点击微信聊天界面右上角的"+"，弹出功能菜单（图1）。

步骤2　点击弹出的功能菜单上的"扫一扫"进入该功能界面，扫描右边的二维码。

步骤3　如果您未关注微信公众号"人邮体育"，扫描后会出现"人邮体育"的二维码。请根据说明关注"人邮体育"，并点击"资源详情"（图2）。进入视频目录（图3）后，选择您想观看的视频即可。

如果您已关注微信公众号"人邮体育"，扫描后可直接进入视频目录(图3)。

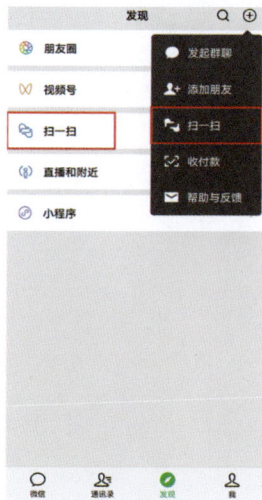

微信"扫一扫"

图 1

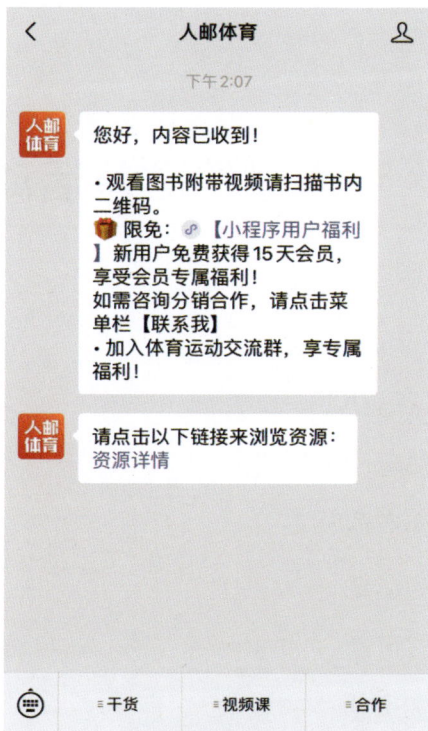

图 2

图 3

CONTENTS 目录

第3章 跆拳道基本技法

第4章 跆拳道初级到中级需掌握的技能

第7章　跆拳道等级考核知识

· 第1章 ·

跆拳道
综述

1.1 跆拳道运动的发展

练习跆拳道之前，我们应对跆拳道的起源有一些了解，这样可帮助我们更快地进入学习状态。那么跆拳道这项格斗技是怎样形成与发展的呢？

现代跆拳道运动的发展

1961 年 9 月，唐手道协会在韩国成立，后更名为跆拳道协会。

1966 年，国际跆拳道联盟（ITF）成立。

1973 年 5 月，世界跆拳道联盟（WTF）在韩国汉城（2005 年起更名为"首尔"）成立。

1980 年，国际奥委会正式承认了世界跆拳道联盟，跆拳道运动在之后的 20 多年里得到了迅速的发展。

在 2000 年的悉尼奥运会上，跆拳道成了正式比赛项目，并分为男女各 4 个级别的比赛。在世界锦标赛和亚运会以及亚洲锦标赛中，跆拳道分为男女各 8 个级别的比赛。

中国跆拳道运动的发展

国际跆拳道联盟的首任总裁崔泓熙认为跆拳道在中国的普及具有非常重要的意义。他率领国际跆拳道联盟代表团于 1986 年 6 月访问中国，精彩的表演让跆拳道运动在中国迅速流行起来。有很多国际跆拳道联盟的高级教练来到中国，为跆拳道教学做出了巨大的贡献。

1999 年初，国际跆拳道联盟中国地区总部成立，宋硕景为负责人。这是国际跆拳道联盟正式成立的新区域组织，致力于在中国普及并发展跆拳道。宋先生也为这一事业做出了很大的贡献。

1.2 跆拳道运动的特点与作用

跆拳道作为一种强身健体的运动，已经被许多人接受和学习。我们在学习跆拳道时，除了摆正学习态度外，还要了解跆拳道的特点及作用。这些都是我们在正式练习之前要了解的基础内容。

跆拳道的特点

1. 双腿为主，双手为辅，主要关节"武器化"

在跆拳道技法中，腿的使用在整个身体各部分的使用中占有较大比例，因为在人的身体中，攻击距离最远和攻击力度最大的部位就是腿部，所以腿占有主导地位。腿法中，无论是高低、远近、方向、攻击力还是灵活度，都有多种，是在实战中攻击对手并得分的有效方法。其次是手法，手臂可以进行防御和攻击，可以自由控制，具有较高的灵活性。我们也可以使用拳头、手掌、肘部和肩部等多个部位进行实战。在跆拳道比赛以外的实战中，人体的手部、肘部、脚部等部位可以当作武器进行攻击或者当作盾牌进行防御。

2. 以刚克刚，注重呼吸，发声扬威，方式简洁

在跆拳道练习中，练习者经常用铿锵有力的声音来表现出自身的力量，在气势上给人一种威严感。相关研究数据显示，当人体在没有负荷工作时发声，10%的肌肉的收缩速度会提升9%，在有负荷工作时更是可以提高14%。这就是选手在比赛中大声喊叫的原因。发声时停止呼吸可以让动作更加迅速，精神更加集中，也会让身体内部的阻力降低，使动作发挥更大的力量。

3. 内外兼修，方式独特，用功力测试技能水平

跆拳道的理论认为通过特殊的练习，人体的关节部位可以产生难以想象的力量，主要有手部、肘部、膝盖和脚部这4个部位，其中脚部和手部尤为重要。我们无法确定人体关节"武器化"的威力有多大，只能通过攻击木板和砖块等物体来测验练习者的水平。功能检测表现了跆拳道的独特技能和特点，是跆拳道练习、升级考试、表演和比赛的重要组成部分。

跆拳道的作用

1. 修身养性：跆拳道可培养人优秀的意志品质

"以礼始，以礼终"是跆拳道练习倡导的尚武精神。练习者在练习中要以"礼义、廉耻、忍耐、克己、百折不屈"为准则，从而培养顽强、果断和勤奋的精神，磨炼毅力，提高素质。

2. 强体防身：跆拳道可帮助练习者练就强健的体魄

跆拳道是对抗性非常强的运动，可以加强人体每个关节的灵活性和肌肉的伸屈能力，提升人体的力量、速度、灵敏性和耐力，增强人体的击打和抗击打能力。

3. 观赏竞技：享受对抗的美感

在跆拳道比赛或实战中，双方不仅要充分发挥智慧，还要通过高超的技巧展示跆拳道技术动作的优势。特别是以各种跆拳道变化和人体特征为基础的腿部技术，可以在对峙中表现得淋漓尽致。

1.3 跆拳道的技术分类

参赛选手在跆拳道比赛中会面对复杂多变的情况，需要根据比赛中遇到的情况确定好对付对手的战略，根据规定随机应对。例如，有必要充分了解自身的优势和劣势，掌握和运用符合自身特点的技术，了解彼此的情况，挖掘具有巨大发展潜力的战术。根据技术特点，跆拳道选手的分类有以下几种。

技术型：比赛期间选手的动作稳健，腿部方法可以有多种变化，使对手在不知不觉中战败。

力量型：选手具有良好的身体条件，如腿长、强大的肌肉爆发力等，进攻强势，往往以力量获胜。

散手型：选手具有顽强的风格和高超的技术，并在比赛中积极地发起攻击。

进攻型：选手经常追逐着对手进攻，具有强烈的进攻意识，可通过快速和持续的攻击压制对手。

防守反击型：通过试探攻击，选手可以识别对手反击或进攻时的破绽并进行回击。

1.4 跆拳道的礼节

礼节是跆拳道深层内涵的精神体现，所以礼节在跆拳道运动中是非常重要的。跆拳道水平较高的练习者通常有两个要素：一个是高超的技艺，另一个就是良好的礼节。所以要成为具备高素质的跆拳道练习者一定要具备良好的礼节。

敬礼姿势

敬礼能表现出尊敬、友善、礼貌和谦虚的态度，是运动员在比赛之前表示相互尊敬的礼节。

敬礼姿势：首先与对手面对面站好，双脚并拢，双手自然贴在身体两侧，然后向前弯曲头部和躯干，鞠躬敬礼。

侧视　　　正视　　　侧视

注目礼姿势

在进入道场时，练习者要面对国旗行注目礼，注目礼表达了练习者对祖国的热爱。

侧视　　　　　　正视　　　　　　侧视

技术关键

注意右手五指并拢呈掌状放在左胸位置。

注目礼姿势：首先背对着国旗将衣服整理好，然后转身面向国旗，身体直立，双脚并拢；接着将右手呈掌状放在左胸上5秒，双眼注视国旗。

盘腿坐姿

正确的盘腿是练习者具备良好礼节的表现之一，也反映了练习者具备良好的素质。该动作要求练习者上身保持直立，目视前方，双腿交叉盘坐在地面上，双手自然放在膝盖上，姿势端正。

知识点

盘腿坐姿是跆拳道中的一种良好礼节，能表现自身深厚的内涵。

盘腿坐姿：双脚交叉，左脚在前面，右脚在后面，坐在地面上，上身挺直收腹，双手呈掌状自然放在膝盖上，双臂屈肘内收，双眼自然平视前方。

正视

侧视

侧视

背视

7

跪坐姿势

在跆拳道中，跪坐也是一种重要的礼节。一般来说，当教练讲话时，练习者需要跪坐下来，注视教练并仔细听，不得随意打断教练的讲话。

跪坐姿势：上身直立，挺胸抬头，双腿靠紧，臀部坐在脚上，双臂屈肘，双手握拳且放于大腿上，目视前方。

正视

侧视

侧视

背视

基本站姿

跆拳道的基本站姿是在每个动作前的预备姿势，兼具灵活性和稳定性，在跆拳道实战中是最为基础的姿势之一。

侧视　　　　正视　　　　侧视

知识点

此站姿有利于对付来自前后方的攻击，另外此姿势方便运用各类手技和腿技。

基本站姿：右脚在前，左脚在后，双脚间距略比肩宽，重心落于两脚之间稍偏前处。膝盖略微弯曲，上半身保持直立，双手呈拳击姿势。

1.5 跆拳道的装备

为了确保训练效果达到理想状态，跆拳道练习者需准备好专业的训练装备。职业化跆拳道的训练器械比较完备，能够应对不同的时间、季节和场地，以进行高效训练。下面列举了跆拳道道场常备的训练物品，以供参考。

道服

道服是跆拳道练习者在跆拳道训练或比赛期间所穿的服装。道服不同于其他日常服装，需要具有一定程度的抗拉扯、不易变形和快速吸湿排汗的功能，因此国际标准的跆拳道面料均采用非全棉面料。织物中含有聚酯纤维，并且经过专业上浆处理制成。

跆拳道是一项严谨而规范的运动，因为在比赛中跆拳道的穿着要求非常严格，道服过于宽松或过紧都会影响技术动作的发挥，所以合身最好。现在市面上跆拳道的道服，根据尺寸分为儿童款和成人款，根据用途分为普通道服、表演用道服和教练用道服等。

道带

跆拳道的道带系在腰部，主要用来固定衣服，防止衣服下摆来回摆动。跆拳道的道带有着不同的颜色，不同的颜色代表了练习者不同的水平。

细节展示

道带材质较硬，系在腰部时更加稳固，面料透气排汗。

护具

在跆拳道运动中，为了提高安全性，还提供了各种专业的、具有防护功能的护具，以保护练习者。

1

头盔：在跆拳道训练或者比赛中佩戴头盔，以避免头部被击中受伤。

2

护手：护手对手部的防护有一定帮助。当练习者在比赛时，若张开的手部被踢中，很容易受伤，甚至骨折。戴上护手能帮助练习者有效防止手部受伤。

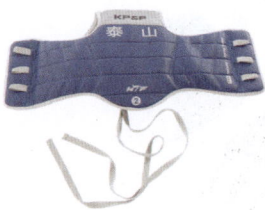

3

护胸：主要保护肋骨部分，防止在跆拳道运动中，因对手用力过大踢到胸部而受伤。

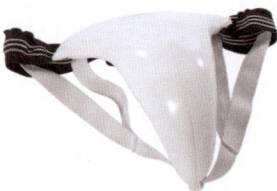

4

护裆：在跆拳道比赛中，护裆是保护下半身的重要护具，避免被对手踢到裆部而受伤。

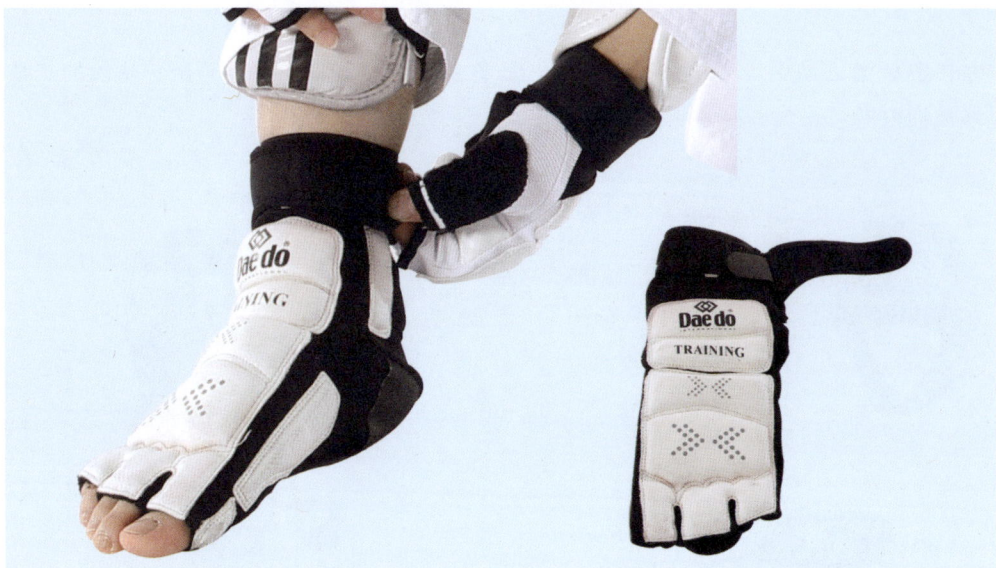

⑤

护脚：护脚的作用是保护脚与脚踝。为了保持脚部的舒适卫生，护脚一般设有增加透气性的气孔。它最大的作用是在保护脚的同时，还可以通过里面的电子感应器，在踢中对手护具时进行感应并自动计算得分。

⑥

护腿和护臂：在跆拳道训练中，因为动作的激烈性，很多时候会出现受伤的情况，所以戴上护腿和护臂能有效防止双臂和双腿受伤。

护具的佩戴

正确的护具佩戴体现了跆拳道练习者的专业性，而且也能使练习者在进行跆拳道训练时更加自如。正确的护具佩戴方法如下。

护胸的佩戴方法

1. 首先将护胸穿在胸前，双手托住护胸下方。

2. 穿上护胸后，需要别人辅助，在背后将上面的两根绳子互相交叉。

3. 按照对角线的方向系绳。

4~5. 在最下方按水平方向系绳，最后打结，完成固定，注意不要太松或太紧。

护臂的佩戴方法

1. 首先将护臂放在手臂下方，另一只手托住护臂。

2. 据手臂的粗细进行缠绕并固定前方的魔术贴。

3. 接着拿起手臂后方的魔术贴。

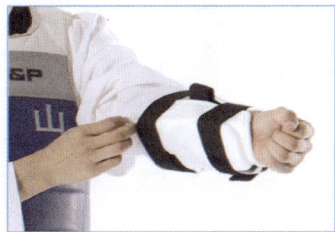

4~5. 固定手臂后方的魔术贴，防止运动时脱落。最后调整护臂的松紧度，适宜即可。

护腿的佩戴方法

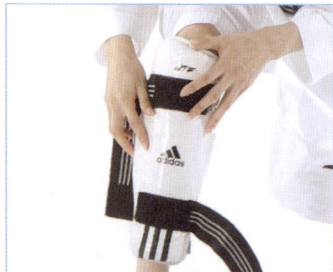

1.首先将护腿放在腿部前方,双手扶住护腿。

2.一只手托住护腿,另一只手撕开魔术贴。

3.根据腿部的粗细进行缠绕并固定下方的魔术贴。

4~5.接着固定腿部上方的魔术贴,防止运动时脱落。最后调整护腿的松紧度,适宜即可。

护脚的佩戴方法

1.双手抓住护脚两端,将脚伸进护脚,向上提护脚。

2.将脚趾穿过护脚口露出,注意包裹住趾节以防止脚趾受伤。

3.脚趾全部穿过护脚口后,调整护脚位置,适宜即可。

4.撕开脚踝位置的魔术贴。

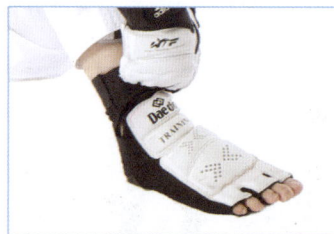

5.根据脚腕的粗细进行缠绕并固定魔术贴,防止运动时脱落。

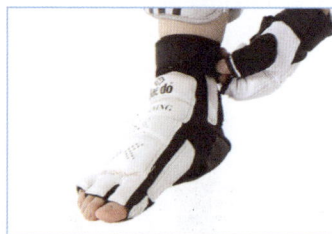

6.将魔术贴固定在脚腕内侧,不要太过用力,束紧脚腕即可。

护手的佩戴方法

1. 一只手拿住护手，另一只手伸进护手。

2. 接着将护手往下拉，使手指穿过护手口。

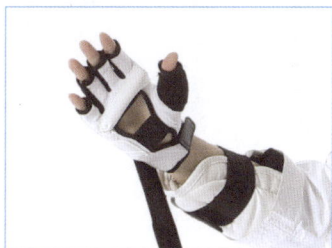

3. 手指全部穿过护手口后，调整好护手位置。

4. 根据手腕的粗细进行缠绕并固定魔术贴，防止运动时脱落。

知识点

护手的外形像防摔手套，用途并非让选手像拳击赛中那样击打对手脸部，而是为了保护自己的手部。当选手在比赛中张开双手时，手部容易被击中并受伤，戴上护手能帮助选手保护手部。

头盔的佩戴方法

1. 首先双手握住头盔两侧，由上往下戴在头部。

2. 头盔戴好后，调整好头盔位置。

3. 拿起头盔下方的魔术贴。

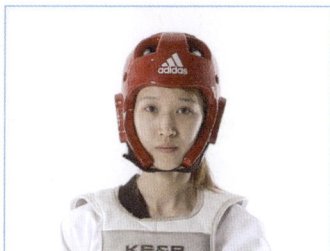

4～5. 根据头部的大小固定魔术贴，防止运动时脱落。这样头盔就佩戴好了。

🔲 腰带系法

正确的腰带系法体现了跆拳道练习者的专业性,而且也能确保练习者在进行跆拳道训练时更加自如。跆拳道腰带的系法如下。

①

②

1 腰带放在身后,双手握住腰带两端,用拇指和食指压住腰带表面,将腰带拉直。

2 将腰带向前拉伸,放置于腰前,左侧腰带在上,右侧腰带在下。将腰带重叠相压。

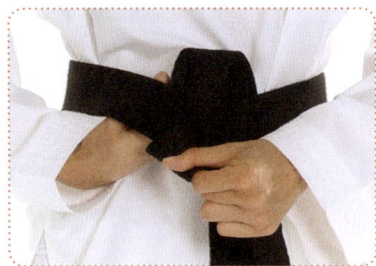

3 将右手所持腰带从下往上穿过,同时用左手压住垂下的腰带。双手同时用力将腰带拉到松紧适合的程度。

③

4 拿起右侧腰带往中间位置折，右手在腰带的中心抓握叠在一起的腰带。然后用左手拿着最外侧的腰带从下往里穿过三层腰带。

④

⑤

5 右手沿着中心位置抓握三层叠在一起的腰带，左手中的腰带从底部穿过。

⑥

6 双手均匀用力拉紧腰带，将腰带的中心位置调整好。将打结位置整理好，双手握住腰带的两端，同时将腰带向下弯曲。让腰带优美地下垂，这样腰带就系好了。注意腰带要系得美观些，两端长度要相等；如果长短不一致，则表示不恭敬。

1.6 不同级别腰带颜色及级别介绍

　　腰带的颜色代表着练习者的水平。由低到高分为白带、白黄带、黄带、黄绿带、绿带、绿蓝带、蓝带、蓝红带、红带、红黑带 10 个级别，再往上是黑带。其中红黑带又分为一品、二品、三品，黑带分为一段至九段。

█ 级位

　　10 级的白带表示初始阶段，代表空白。9 级为白黄带。8 级的黄带表示处于学习的基本阶段，黄色代表大地，意指植被在大地上生根发芽。7 级为黄绿带。6 级的绿带表示技术不断进步的阶段，代表植被在成长当中。5 级为绿蓝带。4 级的蓝带表示技术到达了一定水平，蓝色代表天空，意指地面上的植被已经生长到了天空的高度。3 级为蓝红带。2 级的红带表示技术已经具有一定的威力，红色代表太阳，同时也意味着危险，警告对手不要随意接近。1 级为红黑带。

白 带 ➡ 白带表示一张白纸，练习者从零开始，没有跆拳道的任何知识基础。

白黄带 ➡ 在训练了一段时间后，练习者学习了跆拳道的一些基础知识和一些基本技术。

黄 带 ➡ 练习者正处在学习的基本阶段，为提升水平打好基础，就好比植被在大地上扎根。

黄绿带 ➡ 进入这个阶段的练习者，水平处于黄带与绿带之间，将开始训练战斗技能。

绿 带 ➡ 表示练习者的跆拳道技术在不断提升，绿色代表植被，有蓬勃发展之意。

绿蓝带 ➡ 这个时期的练习者水平介于绿带和蓝带之间，处于过渡阶段。

蓝 带 ➡ 练习者的跆拳道技术已经完全入门并逐渐成熟，蓝色代表天空，这时的练习者如同地面上的植被正在向天空生长。

蓝红带 ➡ 练习者的水平处于蓝带和红带之间。在一些道馆里，在实战训练中允许用腿攻击头部。

红 带 ➡ 代表练习者的水平具有了相当的威力，需要注重对自身的控制。红色表示危险，有需要警惕的意思。

红黑带 ➡ 练习者经过长期的系统训练，完成了跆拳道10 级至 1 级的所有教学，并开始从红带过渡到黑带。

黑 带 ➡ 系有黑带的练习者经过长期的辛苦训练，其技术动作以及想法都很熟练。黑带有着不惧黑暗、不怕艰苦的意义，意味着练习者就算身处黑暗中也可以发挥自身水平。

段位

黑带有九段，黑带的新手阶段是一至三段，高水平阶段是四至六段，只有为跆拳道做出巨大贡献及具有很高研究造诣的人可被授予七段至九段的荣誉段位。黑带分为两种类型，即 WTF 和 ITF。WTF 是奥运会中的比赛项目，主要以竞技为主。因此运动员都需穿戴防护装备，以避免受伤。ITF 以实战为基础，突出的是跆拳道的实战应用和杀伤力。在正式的 ITF 实战中，运动员只穿戴一副护手和护脚，危险性相对较高，没有成为奥运会的比赛项目。

> **知识点**
>
> 黑带以上称为"段"，黑色象征着与白色的对立。相对于白色，黑色级别的技术很熟练，意味着练习者在黑暗中也能发挥自身能力。

品位

15 岁以下的未成年运动员的水平如果达到了黑带一段至三段，就可获得相应的品位，一品等于一段，未成年人最高可考至三品（达到规定年龄以后自动升为同级段位）。

· 第2章 ·

跆拳道的
准备活动

2.1 手脚关节运动

在跆拳道运动中，手脚的关节不容忽视。在攻击和防御期间经常需要使用手部和脚部，因此在进行跆拳道练习之前，踝关节和腕关节的活动是必不可少的。这样能避免手脚关节处的损伤。

1 身体直立，双手交叉放于胸前，右脚后撤半步，脚尖着地。重心落于左脚上，双手关节按顺时针方向慢慢转动。

①

技术关键

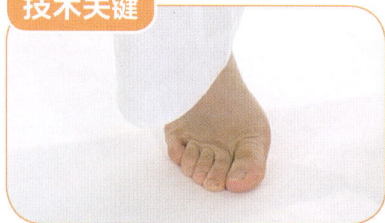

注意脚尖点地，用脚腕的力量慢慢转动。

2 同时抬起的那只脚，用脚尖抵住地面也做顺时针绕圈运动。重复同样的动作，继续转动手脚关节。

②

双手自然交叉且放松，逆时针慢慢转动。

③

3 身体保持直立，双手交叉放于胸前，在之前的基础上换脚，脚尖点地。双手关节按逆时针方向慢慢转动。

④

4 双手关节逆时针方向转动的同时，左脚脚尖抵住地面也做逆时针环绕运动，注意环绕速度不要过快。手脚关节按照同样的方法反复环绕，增强关节韧性，使手脚关节充分活动开，防止受伤。

2.2 颈部运动

颈部运动可以放松颈部周围的肌肉韧带，以防止在跆拳道运动期间意外受伤或扭伤颈部。

1 做出立正姿势，双脚并拢站好，双手交叉放于下颌下方。

2 双手拇指抵住下颌并向上用力，使头部上扬，拉伸颈部肌肉。

① ②

腿部放松，自然站立，重心落于两足之间。

技术关键

注意双手交叉握紧，用双手拇指发力。

侧面视角

2.3 手臂运动

　　手臂运动可以很好地放松和锻炼手臂的肌肉，以避免在跆拳道运动期间对手臂造成伤害。

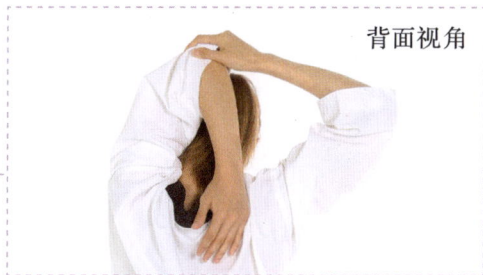

背面视角

1 身体立正站好，双臂屈肘交叠并向上抬起，抬过头顶。

2 按照箭头方向用右手拉动左臂，充分拉伸左侧手臂的肌群。

① ②

3 身体立正，双脚并拢，双臂屈肘交叠并向上抬起，抬过头顶。

4 按照箭头方向用左手拉动右臂，充分拉伸右侧手臂的肌群，使之得到充分放松。

③ ④

2.4 肩部运动

做肩部运动的目的是让肩部肌肉充分激活，这样在跆拳道运动中不易受伤。肩部是身体比较容易僵硬的部位，因此要认真做好正确的准备活动。

侧面视角

①

1 首先身体直立站好，双臂屈肘抬起至与肩齐高，双手指尖碰触肩膀。接着按照箭头方向，以双肩为轴，双臂向下做弧线运动。

2 同样以双肩为轴，双臂在向下运动之后，继续向上做弧线运动。双臂从后向前绕圈活动，这样可以让双肩关节得到很好的放松。

②

3 身体保持直立姿势，双臂屈肘抬起至与肩齐高，双手指间碰触肩膀。接着按照箭头方向，以双肩为轴，双臂向上做弧线运动。

③

4 同样以双肩为轴，双臂在向上运动之后，继续向下做弧线运动。接着双臂从前往后做绕圈活动，这样可以让双肩关节得到很好的放松。

双手四指并拢，指尖触碰肩膀。

④

2.5 胸腹运动

　　做胸腹运动是为了让胸肌和腹肌得到很好的拉伸，以免在进行跆拳道运动时发生损伤。

1 身体立正站好，双手握拳置于胸前，拳锋相对。

2 双臂屈肘并向后用力，拳锋向前。

①

②

侧面视角

45°

③

3 双臂以肩为轴向后伸，直至完全打开，双臂与身体夹角为 45°，充分拉伸胸部和腹部的肌肉。

2.6 体侧运动

做体侧运动是为了让身体两侧的肌肉得到很好的拉伸，从而避免损伤。

身体直立站好，右手抬过头顶，掌心向内。

1 双手叉腰，两脚开立，与肩同宽。

2 右臂向上伸直举过头顶，右手自然张开，左手保持叉腰动作。

① ②

3 重心偏向左脚，右手掌心向内，右臂慢慢向左侧轻压。

4 右臂带动身体向左侧下压，拉伸身体右侧的肌肉。

③ ④

2.7 腰部运动

在跆拳道运动中，腰部的动作很多，因此在练习跆拳道之前要做一些腰部运动，防止腰部受损；同时也要保护髋关节，让髋关节得到有效的锻炼。动作的力度一定不要太大。

侧面视角

双手握拳，拳背朝上，两拳之间距离较近。

1 两脚开立，与肩同宽，双手握拳置于胸前，拳锋相对。

2 按照箭头方向向左后方用力，做拧身转体动作。

① ②

③ ④

技术关键

注意转动腰部时双脚在原地保持不动。

3 身体收回到初始姿势，双手握拳置于胸前，拳锋相对。

4 按照箭头方向向右后方用力，做拧身转体动作，转体时腿部可顺势拧转。

2.8 膝部运动

在做跆拳道运动之前，全身各个部位都需要彻底舒展和放松，腿部关节的运动尤为重要。膝部运动能有效地活动膝关节，让膝关节得到放松。

双手五指并拢，自然放于身体两侧，目视前方。

①

1 首先身体立正站好，双脚并拢，双手放于身体两侧。接着重心下移，略微屈膝，双手自然贴于双膝之上。

②

③

2 双膝向左慢慢转动，双脚保持不动。

3 向左转动后，双膝恢复到初始位置。

④

侧面视角

⑤

4 双腿并拢，双手压在膝盖上，双膝向右慢慢转动。

5 上身仍保持前屈姿势，双膝恢复到初始位置，双手放在膝盖上，同样双脚不能动。

身体保持直立，头抬起，双手五指并拢，自然放于身体两侧。

⑥

技术关键

6 做完膝部运动后，身体恢复到立正姿势。

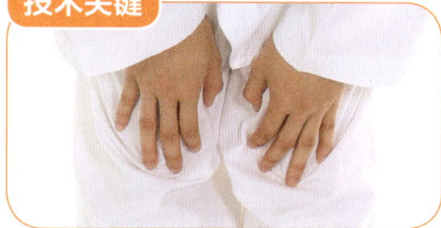

注意双手呈掌状自然放在膝盖上，随着膝盖转动的方向发力。

2.9 腿部运动

腿部运动是为将双腿的韧带和肌肉拉伸开的压腿动作，其目的是在跆拳道中避免腿部肌肉拉伤。压腿有两种，分别为正压腿（本节只讲常用的弓步压腿方式）和侧压腿。在做腿部运动的同时，要保持上身平衡。

弓步压腿

①

1 上身直立,右腿向前屈膝,左腿后撤一大步，呈右弓步姿势。

②

2 左腿屈膝向下压，使膝盖贴近地面，以进行拉伸。

③

3 上身直立，左腿向前屈膝，右腿后撤一大步，呈左弓步姿势。

④

4 右腿屈膝向下压，使膝盖贴近地面，以进行拉伸。

◼ 侧压腿

侧面视角

①

1 首先做左侧压腿运动。右腿屈膝蹲下，左腿向左侧打开并伸直，用脚跟着地，重心放在右腿上，双手扶住双膝，进行压腿。

侧面视角

②

2 接着进行右侧压腿运动。左腿屈膝蹲下，右腿向右侧打开并伸直，用脚跟着地，重心放在左腿上，双手扶住双膝，进行压腿。

第 3 章

跆拳道基本技法

3.1 基本站姿

在跆拳道实战中，基本站姿是灵活使用跆拳道技术的基础，不但可以保护自己的要害，还可以灵活地进攻对手。

3.1.1 左势

正确的站姿是每个跆拳道动作的起始点，它可以使攻击更具有破坏力。左势是左脚在前的基本站姿。

①

②

1 上身自然直立，双臂向前弯曲，双手握拳。左脚内旋，右脚抬起，后撤一步。

2 右脚着地，脚尖朝右，呈侧身站姿，左拳在前，右拳在后，目视前方。

3.1.2 右势

右势是右脚在前的基本站姿，与左势相反。

1 上身自然直立，双臂向前弯曲，双手握拳。右脚内旋，左脚抬起，后撤一步。

2 左脚着地，脚尖朝左，呈侧身站姿，右拳在前，左拳在后，目视前方。

①

②

3.2 基本拳法

基本拳法是跆拳道技术动作的基础。在实战中影响发挥的主要因素有出拳的速度、精准度、灵活度和力度。

3.2.1 正拳

跆拳道实战中运用的直拳都为正拳，其主要特点是拳心向下，拳背与腕部呈一条直线，如下图所示。

側面視角

①

1 摆出防守姿势，即左势。接着右脚蹬地旋转，右手向前快速出拳。

技术关键

注意拳心向下，拳锋向前，发力果断，着力点应在拳面。

2 切换至右势。接着左脚蹬地旋转，左手向前快速出拳。

②

3.2.2 握拳方法

在跆拳道实战中，要正确地掌握握拳的方法，这样才能更好地攻击对手或者进行防守，充分发挥自身的力量。

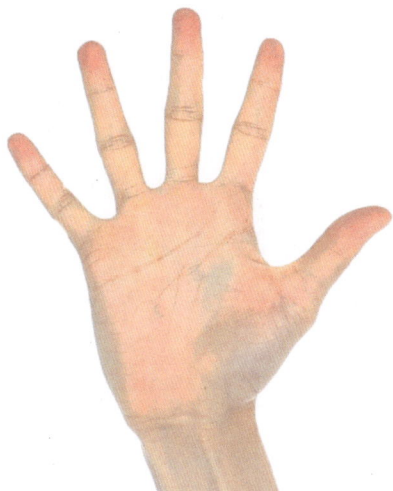

①

1 伸出手掌，五指伸直并张开，手腕与手掌要呈一条直线。

② 知识点

跆拳道中最基本的拳法就是用拳头的正面击打对手。在实战中，可根据实际情况变化拳法，但着力点应在食指和中指之间。

②

2 将拇指以外的四指弯曲并拢，贴紧掌心。四指握好之后，将拇指贴紧食指的第二个关节处，握拳。

3.2.3 左冲拳

冲拳只可以攻击对手的躯干位置，是跆拳道竞技中唯一能使用的手部技术。

側面视角

左冲拳：身体直立，双脚分开站立，双手分别于体侧握拳，随后左拳向前打出，拳心向下。

3.2.4 右冲拳

右冲拳与左冲拳一样，冲拳的动作应流畅协调，发力果断。

側面视角

右冲拳：身体直立，双脚分开站立，双手分别于体侧握拳，随后右拳向前打出，拳心向下。

3.3 基本掌法

跆拳道的基本掌法在实战中非常重要，练习者通过掌法的熟练使用和力量的训练，可以在进攻与防守之间自由切换。掌法的每一个动作都有不同的特征，所以了解基本掌法是跆拳道实战的重要基础。本节就为大家介绍一些常见的掌法。

3.3.1 掌

在跆拳道实战中，手掌是重要的进攻和防守部位。

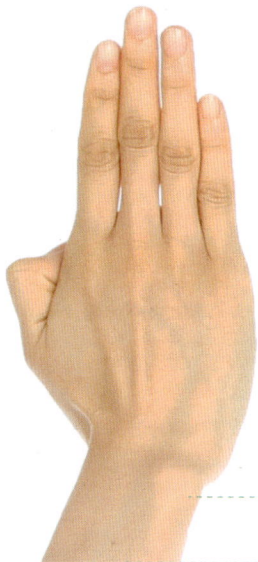

掌：拇指以外的四根手指伸直并紧靠在一起，拇指向内弯曲并夹紧，靠近四根手指。在攻击中，拇指一直保持不动，以确保力量发挥稳定。

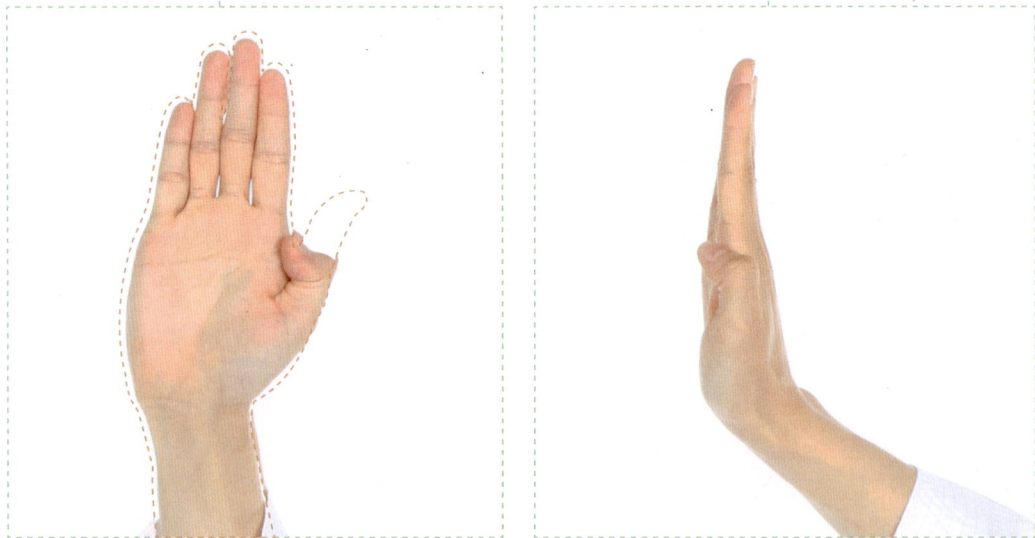

3.3.2 手刀

　　手刀也称为空手刀，在攻击人体的几个部位时力量非常强大，还可以用来防守。手刀主要用整个手掌的外侧面进行攻击。

　　手刀：在掌的基础上，弯曲四根并拢的手指，拇指始终向内弯曲并夹紧。

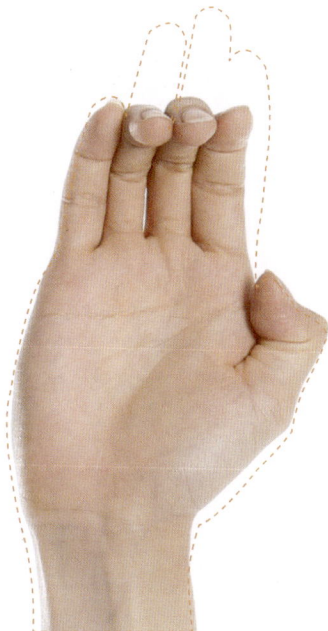

3.3.3 立贯指

　　立贯指与手刀的形态很相似。立贯指主要使用四根手指的指尖攻击对手的关键部位。

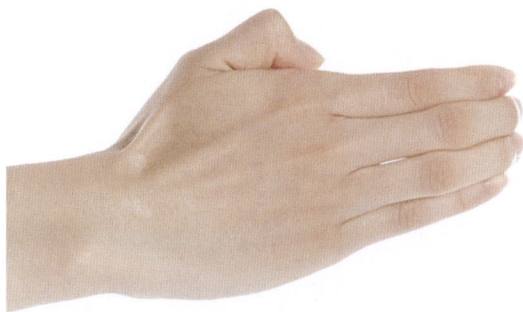

　　立贯指：将四根手指并拢并稍微弯曲至四指长度大致相等，力量集中在指尖位置以便于进攻。

3.3.4 平贯指

平贯指和立贯指大致相同，不一样的是平贯指与地面平行，掌心向下。平贯指主要是用四根手指的指尖攻击目标，且四根手指控制在大致相等的长度。

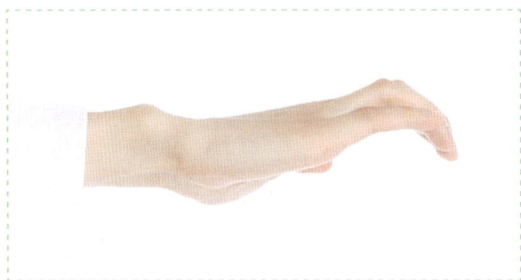

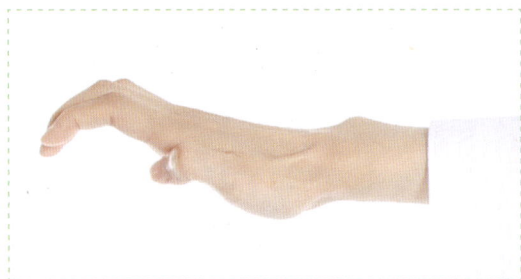

平贯指：将四根手指并拢微屈，拇指的第一个关节向下弯曲，靠紧食指，使力量集中在四根手指的指尖。

3.3.5 贯手

贯手将拇指以外的四根手指作为主要的攻击部位，与手刀的手型很相似。将四根手指保持在大致相等的长度可以在实战中集中力量，防止手指受伤。

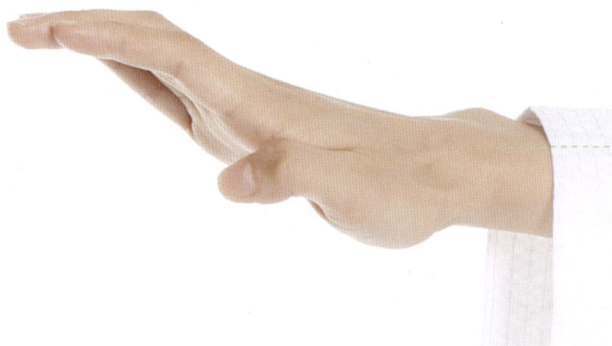

贯手：将拇指尖固定在虎口并靠近食指，剩余四根手指并拢微屈，力量集中在四指位置，手腕和手掌在一条直线上。

3.3.6 背刀

背刀与手刀都是攻守兼备的招式，手型也大致相同。不同的是背刀的拇指比手刀的拇指的弯曲程度更大。

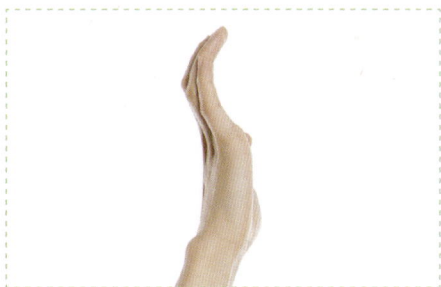

背刀：以食指第三关节为中心的侧面是背刀的主要攻击部位。将四根手指并拢且略微弯曲，拇指的第一指节在虎口且接近食指的位置弯曲。

3.3.7 二指贯手

二指贯手将食指和中指的指尖作为主要的攻击部位。

知识点

二指贯手用手指发力，将力量集中在食指和中指指尖。要点在于要让指尖如同枪尖一样锐利。

二指贯手：将食指和中指伸直并打开，拇指按压在无名指上，就像中国传统武术中的二指禅一样。

3.4 基本肘法

　　肘部在跆拳道实战中是一个强大的攻击部位，水平较高的跆拳道练习者可以使用肘部使对手受到重击，所以肘法的练习非常重要。肘部在近距离战斗中，可以突如其来地攻击对手，杀伤力极大，在武术界有着"肘过如刀"的说法。

3.4.1 肘部介绍

　　肘部主要用于近战，可用来攻击颈部、胸部、肋骨、背部和头部等部位，也可以用于防守，如阻挡对手的拳、防御对手的踢腿以及化解对手膝部的攻击。

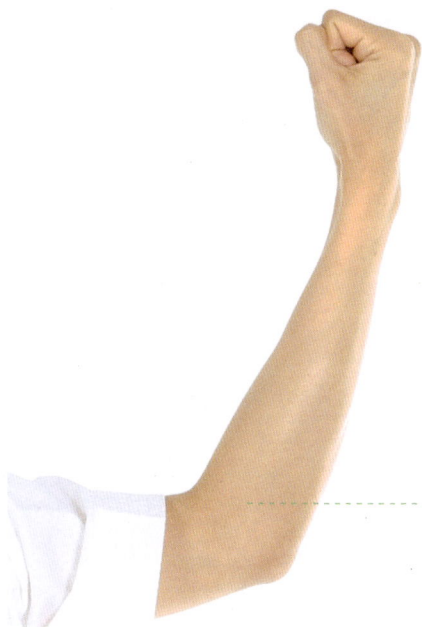

技术关键

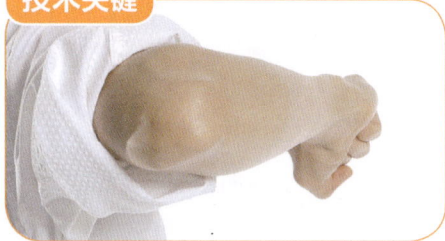

注意在用肘部攻击时，是以坚硬的肘尖部位进行攻击。

3.4.2 顶肘

顶肘是指在格斗姿势的基础上，用髋部和腰部发力，把力量传到肩膀，最后使力量集中在肘尖并攻击对手。

① ②

> **知识点**
>
> 顶肘无论击中与否，都应迅速将手臂收回，以便防守或发起下一次进攻。

1 双脚分开至与肩同宽，左臂自然下垂，右臂屈肘握拳并向上抬起，与肩平行。

2 重心前移，肘尖处迅速向外顶出，以进行攻击。

3.4.3 扫肘

扫肘的路径应大致平行于地面。在练习扫肘时，后脚蹬地的同时迅速扭转腰部发力，然后挥动肘部击打目标。扫肘通常用于攻击对手的脸部或肋骨。

1 抬起右臂，弯曲肘关节，同时扭转上身，双脚间距略比肩宽。

2 做向左拧身转体动作，转体时右臂可顺势拧转。

3 上身继续侧转，右臂与上身呈90 度夹角，将右肘向左沿弧线送击。

① ② ③

3.4.4 砸肘

砸肘的运动路径为由上往下。在练习砸肘时，要将腰部和臀部的力量通过手臂传递到肘部前端，用肘尖攻击目标，可以使对手受到重创。

技术关键

注意在用砸肘攻击时，用肘尖部位向下砸击目标。

首先侧转身体，用左脚迈向目标，抬起左臂，弯曲肘关节。然后用肘尖从上向下击打目标。

3.4.5 挑肘

挑肘通常用于攻击对手的下颌部位，运动路径为由下往上，与砸肘相反。

侧面视角

先抬起右臂，弯曲肘关节，右手置于右肩。接着右臂向上抬起，肘部由下而上击打目标。

3.5 基本步法

在跆拳道实战中，腿部是重要的攻击部位。如果腿部想要发挥较强的力量，就需要运用灵活的步法进行配合。跆拳道的步法是通过后腿和扭腰转髋发力来提升攻击的力度与速度的。在跆拳道实战中，主要使用后腿进攻，这样方便保护身体。

3.5.1 前滑步

前滑步一般用于快速接近对手，方便使用横踢或下劈等动作发起攻击。

左脚在前，右脚在后，左拳在前，右拳在后，注意保护下颌。

知识点

前滑步是主动进攻时采用的步法，也可用于假动作，配合手臂的动作进行，便于快速接近对手。

①

②

③

1 左脚在前，右脚在后，以左势站立。

2 后脚蹬地发力，前脚迅速向前滑动一步。

3 后脚蹬离地面，迅速向前跟进同样的距离，还原为左势姿势站立。

身体保持自然，膝盖部位的肌肉要放松。

📖 3.5.2 后滑步

　　当对手突然进攻时，使用后滑步可以快速拉开与对手的距离。使用后滑步后会有向后撤的惯性，这时再使用进攻动作有一定的困难，通常使用后踢或后旋等迎击动作。

> 双拳握紧，一拳在前，一拳在后，保护下颌。

1 左脚在前，右脚在后，呈左势站立。

2 前脚蹬地发力，后脚迅速向后滑动一步。

3 前脚蹬离地面，迅速向后跟进同样的距离，还原为左势姿势站立。

①

②

技术关键

> 落地后身体直立，重心落于双脚之间。

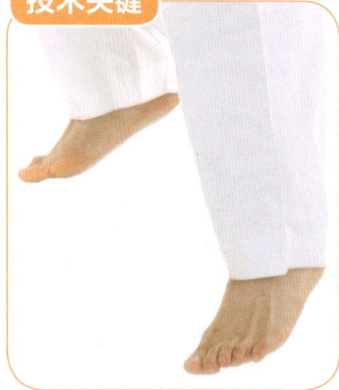

注意右脚先向后退步，然后左脚随之后退。不要双脚同时向后退步。

③

3.5.3 侧移步

侧移步是实战中常用的一种步法，一般用于躲闪对手的进攻或躲闪后反击。移动时步法要有弹性，速度要快，身体保持放松。

①   ②   ③

1 摆出预备姿势：右脚在前，左脚在后，双膝微屈，双臂屈肘，双手握拳置于身前。

2 左脚向左侧迈步。

3 右脚向左侧跟进移动同样的距离，还原为预备姿势站立。

3.5.4 上步

上步通常用于快速靠近对手，以方便使用横踢或下劈等动作进行攻击。

1 摆出预备姿势：左脚在前，右脚在后，双膝微屈，双臂屈肘，双手握拳置于身前。

2 以左脚为轴，脚尖向外转，右脚蹬地向前上步。

3 右脚落地后呈右脚在前、左脚在后的姿势站立，目视前方。

①   ②   ③

▣ 3.5.5 垫步

在跆拳道运动中，垫步用于迅速靠近对手，是减少与对手之间距离的步法。在靠近对手后可使用横踢、下劈或侧踢进行攻击。

1 摆出预备姿势：左脚在前，右脚在后，双膝微屈，双臂屈肘，双手握拳置于身前。

①

> **知识点**
>
> 垫步分为前垫步和后垫步，后垫步用于拉开与对手之间的距离，躲避对手的攻击后再用横踢、下劈等技术进行反击。

②

2 左脚向前迅速上步，不等左脚落地，右脚就向前移动，移动的距离不要过大。

3 左脚到位的同时，右脚向前移动，两脚落地后还原为预备姿势站立。

③

3.6 基本膝法

膝法在近战中具有相当大的攻击力，是跆拳道的基本技术之一，在进攻、防御和反击中被广泛使用。如果能精通各种膝法并正确地使用它们，那么将会发挥更加强大的力量。

3.6.1 膝部介绍

膝也称为膝盖和"膝锤"，膝盖的主要攻击部位是膝关节弯曲后突出的部位，主要用于进攻对手的肋部、腹部和裆部。在防守方面，膝盖也可发挥特殊的作用。

在跆拳道实战中，进攻方在攻击时通常会抓住对手的颈部或肩部使对手身体压低，然后使用膝盖猛击对手的面部，力量巨大。在击倒对手后，还可使用膝盖击打身体的其他部位。

3.6.2 侧顶膝

　　侧顶膝旨在用膝关节从侧面进行攻击，攻击的是对手的腹部、肋骨、下颌和其他部位。

侧面视角

左脚在前，右脚在后，双臂屈肘，双手握拳置于胸前。双臂向右摆动，身体稍微向后倾斜，将右腿向身体左侧迅速抬起。

3.6.3 正顶膝

　　正顶膝指直接从正面向上进行顶膝攻击，属于近距离攻击，依靠膝盖对目标的重要部位造成伤害。

左脚在前，右脚在后，双臂屈肘，双手握拳置于胸前。双臂向上抬起，同时稍微转体，使双脚脚尖朝前。身体稍微向后倾斜，双臂下放于大腿两侧，将右腿迅速向上抬起。

3.7 基本步型

在跆拳道中，需要熟练掌握基本步型，它是双腿技能的重要组成部分。跆拳道是主要以下肢进行攻击的技术，所以技术训练大部分偏重于对双腿的训练。

3.7.1 单脚立

单脚立不仅是一种跆拳道基本步型，还是一种可提高平衡能力的练习。

侧面视角

技术关键

注意在抬腿的同时绷紧脚面。

单脚立：上身直立，右脚着地，右腿伸直，左腿抬起，大腿与地面平行，双臂屈肘，双手握拳，拳心朝上，放于身体两侧，保持身体平衡，坚持一段时间。

3.7.2 弓步

弓步是在进行跆拳道的各种练习之前的一个准备动作，可以增强身体的稳定性，且易于出招。

注意两脚之间的距离约为肩宽的两倍。

侧面视角

弓步：全身放松，目视前方，上身直立，双臂屈肘，双手握拳，拳心朝上放于身体两侧；右脚向后迈出一大步，左腿膝盖弯曲，右腿伸直，右脚尖向外侧稍微打开，重心稍微移向前脚。

3.7.3 行走步

在跆拳道运动中，行走步同样是进行各种练习前的准备动作之一。

侧面视角

行走步：双手握拳，拳心朝上，拇指放在食指第二指节处，屈肘并将双拳放于腰部左右两侧；双脚前后分开一只脚的距离站立，脚尖朝前，双腿伸直，重心稍微移向前脚。

3.7.4 虎足步

虎足步是跆拳道实战中的防守动作之一。

技术关键

注意将前脚的脚跟抬起，用脚尖着地。

虎足步：上身直立，双手握拳，拳心朝上，屈肘并将双拳放于腰部左右两侧；右脚为支撑脚站立，膝盖稍微弯曲；左脚在前，脚跟抬起；重心放在支撑脚上。

侧面视角

3.7.5 开立步

开立步同样是进行跆拳道各种练习之前的准备动作之一。

上身直立，双手握拳置于腹前，注意拳心朝内，双臂稍微弯曲。

双脚开立，与肩同宽，双脚脚尖稍微往外展开。

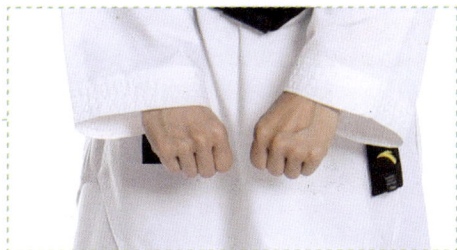

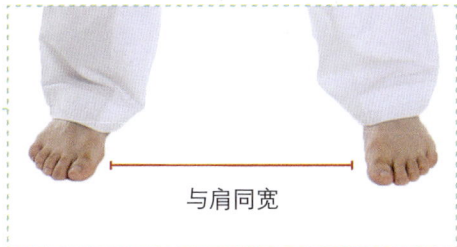

与肩同宽

3.7.6 立正

立正是在跆拳道敬礼前后的准备动作，练习者要在敬礼前后听口令立正。

双臂自然下垂，双手五指并拢贴于身体两侧。上身直立，两肩要平，目视前方。

双脚并拢，脚尖朝前，两腿挺直，小腹微收，自然挺胸。

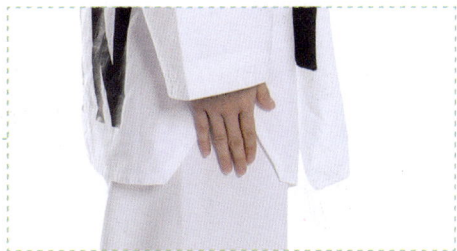

3.7.7 马步

在跆拳道中，每一次的出拳动作都要有一个坚实的基础。练习马步动作可以很好地锻炼腿部力量，使底盘更稳定，因此需要长时间的练习。

技术关键

注意双手握拳，拳心朝上。

马步：上身挺直且稍往前倾，双肩平行且向后张，挺胸抬头，双臂屈肘，双手握拳并放于腰部左右两侧；双腿呈半蹲姿势，双脚开立，略宽于肩，重心落于双脚之间。

侧面视角

3.7.8 三七步

三七步是使用跆拳道格斗招数前的预备姿势。所谓三七步，就是前三后七的站法，身体重心偏向后脚。

侧面视角

三七步：上身直立且向侧面转体 90 度，双手握拳，拳心朝上，屈肘并将双拳放于腰部左右两侧；两脚一前一后呈"L"形站立，前脚指向正前方，后脚指向 90 度方向，后脚脚跟与前脚蹬趾的延长线垂直；双膝微屈，膝盖朝着各自脚尖的方向。

第4章

跆拳道初级到中级需掌握的技能

4.1 基本格挡

跆拳道运动是一种以攻击速度快和攻击能力强著称的运动。在变幻莫测的实战中,当处于被动状态时,格挡就成了很重要的技术。跆拳道有 3 种基本的格挡技术,分别为上格挡、中格挡和下格挡。

4.1.1 上格挡

上格挡是用手腕到肘部之间的前臂外侧来格挡对手攻击的有效手段,在跆拳道对战中,通常用于防守针对上段部位的攻击。

左臂屈肘握拳并放于左侧腰部,拳心朝上。

1 初始站姿为双脚开立,间距与肩同宽,左臂置于胸部,右臂置于腹部。

2 右臂保持屈肘,上抬至额头高度,左臂向腰部位置收回。

① ②

技术关键

注意此处右拳举至额头高度,但不要过高。

3 双臂位置互换,左臂屈肘并向上举至头顶,右臂屈肘握拳、放于左侧腰部。

③

4.1.2 中格挡

在跆拳道实战中，中格挡主要用于应对正蹬等正面的直线攻击，是利用前臂进行格挡的技术。

① ②

知识点

格挡的时候，应与对手踢来的腿保持一定的距离，否则手臂与头部容易被一起击打到。

1 双脚开立，间距略比肩宽，左拳向前打出，右臂向右侧屈肘后摆至上臂与肩齐平。

2 左拳收回，手臂向后方夹紧。右臂保持屈肘并移动至胸前进行格挡。

③ ④

侧面视角

3 双臂位置互换，右拳向前打出，左臂向左侧屈肘后摆至上臂与肩齐平。

4 右拳收回，手臂向后夹紧。左臂保持屈肘并移动至胸前进行格挡。

4.1.3 下格挡

下格挡是应对下段攻击的有效手段，主要以手腕与肘关节之间的前臂外侧进行格挡。

技术关键

注意右手握拳，置于左侧的肩膀，拳眼朝上。

1 身体保持直立，双脚开立，间距略比肩宽，双手握拳，右臂屈肘放于左肩，左臂向下伸直且拳心向上。

①

侧面视角

②

侧面视角

2 右臂向下、向前伸直，右拳拳背朝上，左臂收回至腰部，屈肘握拳且拳心朝上。

侧面视角

3 双臂位置互换，左臂屈肘放于右肩，右臂向下伸直且拳心向下。

③

4 接着左臂向下、向前伸直，左拳拳背朝上，右臂收回至腰部，屈肘握拳且拳心朝上。

侧面视角

④

4.2 基本腿法

腿法是跆拳道技术动作中的重要部分，需要腿部具有一定程度的灵活性，这也决定了攻击能否达到效果。受到跆拳道的规则限制，腿部主要用来进攻、防守和反击。

4.2.1 前横踢

跆拳道的腿部技术很重要，其中前横踢是最基础的、用得最多的踢法。前横踢的主要发力部位为小腿，小腿的踢速要快，膝关节要灵活，另外也需要稳定的髋部。前横踢训练能提升膝关节周围肌群的力量。强有力的肌肉，不仅能使动作更加有力，还可以使膝关节更加灵活。

① ② ③

1 预备姿势为右势，右脚在前，左脚在后，双手握拳护在身前，目视前方。

2 右腿屈膝上抬，左腿支撑，上身稍微向后倾。

3 右腿小腿迅速弹踢，用脚背击打对手。

4 右腿踢出后迅速收回。

5 右脚着地，调整为右势。

④ ⑤

4.2.2 正蹬

正蹬也是跆拳道常用腿法之一，是直线型的攻击动作，正蹬可以有效阻挡对手的进攻。正蹬的动作速度快，经常会取得出其不意的效果。

① ②

1 起始姿势为左势。左腿蹬地，然后右膝向上提起，大小腿一起用力，并且左脚外旋。

2 上身稍稍后仰，右腿小腿快速向前蹬出，着力点为脚掌。

正面视角

3 右脚自然向前放下，调整为右势。

③

4.2.3 后横踢

后横踢具有幅度小、隐蔽性好、速度快的特点,与前横踢的动作很相似。

①

②

1 预备姿势为左势,左脚在前,右脚在后,双手握拳护在身前,目视前方。

2 左腿支撑,右腿屈膝上抬。左脚外旋,脚尖朝左,同时向左转体。右腿继续上抬至大腿大致与地面平行(也可尽量提膝至最大高度,此时为高位横踢)。右腿小腿迅速弹踢,用脚背击打对手。

技术关键

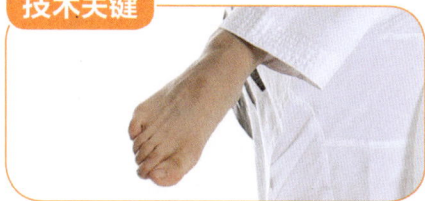

保持踝关节放松,力透脚背,用脚背击打对手。

3 击打后,将踢出的右腿迅速收回。右脚着地,调整为右势。

③

4.2.4 侧踢

侧踢是跆拳道中的直线型腿法，虽然不是主要的攻击动作，但能有效阻挡对手的攻击。

1 预备姿势为右势。右拳在身前位置，左拳在下颌附近护住头部。

2 右腿蹬地，然后以前脚掌为轴，向右转髋，直接抬起左侧大腿，大小腿折叠，上身稍稍后倾。

3 膝部冲右，脚部钩起，左腿直线型踢出，攻击对手。攻击的着力点为脚掌外侧。

① ② ③

④

知识点

侧踢是直线型进攻的技术。身体侧向迎敌，不易暴露身体空当。抬腿侧踢动作迅速，具有一定的破坏力和攻击力。

4 小腿快速收回，上身还原为挺直状态，左脚收回并落下，变为左势。

4.2.5 后踢

后踢是跆拳道运动中常用的踢法之一，常用于进攻对手的腹部上方或反击对手的横踢攻击，威力巨大。

知识点

后踢可用于进攻对手胸部、腹部或头部，也可以用于反击对手的进攻。

1 预备姿势为左势，双手握拳护在身前。

①

②

③

2 左脚踩地，向右后方转体。同时上身前倾，右腿向后踢向对手。

3 然后右腿向前落下，向右转体，调整为右势。

4.2.6 下劈

下劈是跆拳道常用动作，主要以脚掌、脚跟攻击对手，是与对手相互进攻和相互反击的技术动作。

①

1 预备姿势为左势。左脚蹬地，右腿向上高高踢起，通常高过头部。

②

2 右脚脚面绷直，右腿快速地向下劈腿，落地后右脚脚尖点地。

③

3 完成下劈动作后，变为右势。

正面视角

4.3 组合腿法

在跆拳道实战中，双方都处于不停的运动中，快速、精准的腿法成了进攻的前提，一个腿法接着另一个腿法，非常灵活，而且有虚有实。接下来讲解一些基本的组合腿法。

4.3.1 右前横踢 + 右前横踢

跆拳道中，前横踢多用来向对手的上段和中段进行攻击。在使用前横踢时膝部夹紧，小腿位置放松，踢出与收回的速度要一致，要有弹性。

①

2 右腿小腿迅速前踢，用脚背击打对手。右腿踢出后迅速收回，右脚落于前方。

②

1 预备姿势为右势，右脚在前，左脚在后，双手握拳护在身前，目视前方。左腿作为支撑，右腿屈膝上抬。

3 右腿再次屈膝上抬，右腿小腿迅速前踢，用脚背击打对手。

4 右腿收回，右脚着地，调整为右势。

③

④

4.3.2 左前横踢 + 右后横踢

这是一套进攻加进攻的组合腿法，先用前横踢攻击对手的中段，再用后横踢对对手的中段进行二次攻击。

1 预备姿势为左势，左脚在前，右脚在后，双拳护在身前，目视前方。

① ② ③ ④ ⑤

2 右腿作为支撑，左腿屈膝上抬。

3 左腿小腿迅速前踢，用脚背击打对手。

4 左腿踢出后迅速收回。

5 左脚着地，恢复为左势。

6 左腿作为支撑，左脚外旋，同时向左转体 90 度，右腿屈膝上抬。

⑥

7 右腿小腿迅速前踢，用脚背击打对手。

⑦

⑧

8 右腿踢出后迅速撤回。

击打后，右腿收回并落下，呈右势。

9 右脚着地，调整为右势。

⑨

4.3.3 左后横踢 + 左侧踢 + 右后横踢

这是一套从左右两侧进行攻击的组合腿法，首先使用左后横踢和左侧踢向对手的右侧部位发起攻击，然后使用右后横踢向对手的左侧部位发起攻击。

①

1 预备姿势为右势。然后右脚蹬地外旋，向右侧转体90度，左腿屈膝上抬，膝盖冲右，大小腿折叠，上身稍微后仰。接着左腿迅速前踢，用足背击打对手。

技术关键

保持踝关节放松，用足背击打对手。

2 左腿横踢完后迅速收回小腿，上身稍微抬起。左脚收回并落下，变为左势。

②

③

3 右脚蹬地，同时左腿大腿带动小腿上抬，上身稍微后仰。接着左腿迅速前踢，攻击的着力点为脚掌。踢完后迅速收回小腿。左脚收回并落下，变为左势。

④

4 左脚蹬地发力，向左侧转体 90 度，右腿屈膝上抬，上身稍微后仰。右腿迅速前踢，用脚背击打对手。右腿横踢完后迅速收回小腿，重心落于左脚。然后右脚自然向前放下，变为右势。

4.3.4 右后横踢 + 左下劈

这是一套从侧面和上面进攻的组合腿法,先用后横踢来进攻对手的侧身部位,然后使用下劈向对手的头部发起攻击,这是在跆拳道实战中经常使用的组合攻击技术。

① ②

1 首先呈右势。左腿支撑,左脚外旋,同时向左转体,右腿屈膝上抬。右腿小腿迅速前踢,用脚背击打对手。

2 右腿踢出后迅速收回。右脚着地,调整为右势。

> 向下劈时,踝关节应放松,力道要控制得当。

3 将身体重心放在右腿,借髋部、腹部发力,左腿向上踢起,绷紧脚面,双拳向下辅助发力,接着将左腿快速下压以向下劈腿,身体重心稍微后仰以控制平衡。下劈后,左脚自然落下,保持脚尖触地。然后将左脚收回,调整为左势。

③

4.3.5 右后横踢 + 左下劈 + 左侧踢

这是一套先从侧面和上面进攻，然后再从侧面进攻的组合腿法。

技术关键

提膝时膝部保持夹紧。

1 预备姿势为左势。然后左脚蹬地外旋，向左侧转体 90 度，右腿提膝，膝盖冲左，上身稍微后仰。

2 右腿向侧面迅速踢出，上身稍微后仰。右腿横踢完后迅速收回小腿，上身稍抬起，重心落于左脚。

③

3 右腿向前落下，变为右势。

④

4 右脚脚掌外旋，左腿向上高高踢起，绷紧脚面，双拳向下辅助发力，接着左腿快速下压以向下劈腿，身体稍微后仰以控制平衡。下劈后，左脚自然落下，保持脚尖触地。

⑤

5 整体调整为左势。

正面视角

75

⑥

6 右脚脚掌外旋，右脚蹬地，左腿向左侧抬起，大小腿折叠，上身稍微后仰以控制平衡。然后左腿向侧面直线平蹬，击打对手的着力点在脚掌外侧。

⑦

7 侧踢完成后迅速收回小腿，同时大腿向后收，上身稍抬起。将左脚收回，仍然是左脚在前，右脚在后，呈左势。

4.3.6 右后横踢 + 左后横踢 + 右后踢

这套组合腿法在跆拳道比赛中可以直接用于反击或配合其他攻击动作，首先从左右两侧发起横踢攻击，然后配合后踢转身攻击。这套组合腿法使用得当会使对手受到重击。

侧面视角

①

②

③

④

1 预备姿势为左势，双手在身前握拳，防护上半身与头部。

2 左脚外旋蹬地，向左侧转体 90 度，同时右腿提膝抬起，膝盖冲左，上身稍微后仰。

3 快速将小腿踢出，注意重心落在左脚上，保持平稳。

4 右腿横踢完后迅速收回小腿，上身稍稍抬起。

5 右腿向前落下,整体调整为右势。

6 右脚外旋蹬地,向右侧转体 90 度,左腿提膝抬起,膝盖冲右,上身稍微后仰。

7 左腿迅速前踢,用足背攻击对手,注意重心落在右脚上,保持平稳。

⑤

⑥

⑦

知识点

注意击打的着力点为正脚背,踝关节放松。横踢攻击的主要部位有头部、胸部、腹部和肋部。

8 小腿快速收回,上身抬起。

9 左腿向前落下,调整为左势。

⑨

⑧

侧面视角

⑩

⑪

⑫

10 将身体重心放在左腿上，右脚蹬地并向后转体，随后右腿提膝抬起。

11 身体前倾，右腿向后水平踢出，用脚跟击打对手。

12 右腿收回，同时上身右转抬起，调整为右势。

4.4 品势

品势是跆拳道的练习套路，由跆拳道的各种基础动作按一定的顺序编排而成，可供学习者进行练习，来提高跆拳道技能，也有助于提升学习者的健康水平。

4.4.1 太极一章

太极一章与八卦的"乾"卦相对应。"乾"是生命源头的意思，所以太极一章是品势中最基本的套路，内容大多是关于中段和下段的攻击与防御的技术动作，方便初学者练习。

1 双脚左右开立，间距略比肩宽，双手握拳置于体前，挺胸收腹，目视前方。向左侧转体 90 度，左脚向左侧移动呈左行走步，右臂屈肘收于腰侧，左臂向下格挡。

①

2 右脚向前迈进一步，左臂屈肘收回于腰侧，同时右臂伸直向前呈中位直拳。以左脚为中心，身体向顺时针方向转体 180 度，右脚前进一步呈右行走步，左臂屈肘收于腰侧，右臂向下格挡。

②

3 左脚向前迈进一步呈左行走步,右臂屈肘收于腰侧,左臂伸直向前呈中位直拳。向左侧转体 90 度,同时左脚向左侧迈步,呈左弓步姿势,左臂向下格挡。双腿保持姿势不变,左臂屈肘收于腰侧,右臂伸直向前呈中位直拳。

③

4 向右转体 90 度,同时右脚向右前方迈步呈右行走步,右臂屈肘收于体侧,左臂屈肘呈中位格挡。左脚向前迈进一步呈左行走步,左臂屈肘收于腰侧,同时右臂伸直呈中位直拳。

④

5 身体向逆时针方向旋转 180 度,左脚顺势移动并向前迈进一步呈左行走步,左臂屈肘收于腰侧,右臂屈肘呈中位格挡。右脚向前迈进一步,右臂屈肘收于腰侧,左臂伸直呈中位直拳。

⑤

⑥

6 向右转体 90 度，右脚随之向右前方移动呈右弓步姿势，左臂屈肘收于腰侧，右臂伸直向下格挡。双腿姿势不变，右臂屈肘收回腰侧，左臂伸直向前呈中位直拳。

7 向左转体 90 度，左脚随之向左前方移动呈左行走步，左臂屈肘向上格挡。左臂屈肘收于腰侧，左脚支撑身体重心，右腿伸直上踢。右脚落于身体前侧呈右行走步，右臂伸直呈中位直拳。

⑦

8 身体朝顺时针方向旋转 180 度，右脚随之移动并向前迈步呈右行走步，右臂屈肘向上格挡。右臂屈肘收于体侧，右脚支撑身体重心，左腿伸直上踢。左脚落于身体前侧呈左行走步，左臂伸直呈中位直拳。

⑧

正面视角

⑨

9 身体向顺时针方向旋转 90 度，左脚随之向右前方移动呈左弓步姿势，左臂向下格挡。

正面视角

⑩

⑪

10 右脚向前迈步呈右弓步姿势，左臂屈肘收
于腰侧，右臂伸直向前呈中位直拳。

11 以右脚为中心向逆时针方向旋转
180 度，双手握拳下放，恢复准
备姿势。

4.4.2 太极二章

太极二章对应八卦的"兑"卦。"兑"寓意为少女，柔中带刚。太极二章的动作风格也是如此，外表柔和，但攻击力比较强劲，主要进攻部位为对手的中段与下段，同时防备对手的上段攻击。比起太极一章，太极二章在技术难度上有所提升。

①　　　　　　　　　　　　　　　②

1 双脚左右开立，间距略比肩宽，双手握拳置于体前，挺胸收腹，目视前方。身体左转 90 度，左脚向左前方迈步，呈左行走步，右臂屈肘收于腰侧，左臂向下格挡。

2 右脚向前迈步，屈膝呈右弓步姿势，左臂屈肘收回腰侧，右臂呈中位直拳。

③　　　　　　　　　　　　　　　④

3 以左脚为中心向顺时针方向转体 180 度，右脚向前迈步呈右行走步，左臂屈肘收于腰侧，右臂向下格挡。左脚向前迈步，屈膝呈左弓步姿势，右臂收回，左臂呈中位直拳。

4 以右脚为中心向左侧转体 90 度，同时左脚向前迈步，呈左行走步，左臂收回，右臂屈肘呈中位格挡。接着右脚向前进步，呈右行走步，右臂收回，左臂屈肘呈中位格挡。

⑤

5 以右脚为中心向左侧转体 90 度，左脚向前迈步呈左行走步，同时左臂向下格挡。重心移至左脚，双臂屈肘收于腰侧，右腿伸直上踢。右脚落于身体前侧，屈膝呈右弓步姿势，右臂呈高位直拳。

⑥

6 以左脚为中心顺时针转体 180 度，右脚向前迈步呈右行走步，同时右臂向下格挡。双臂屈肘收于体侧，右脚撑地，左脚上踢。左脚落于身体前侧，屈膝呈左弓步姿势，左臂呈高位直拳。

⑦

7 以右脚为中心向左侧转体 90 度，左脚向前迈步呈左行走步，右臂屈肘收于体侧，左臂屈肘向上格挡。右脚向前迈进一步，左臂屈肘收于体侧，右臂向上格挡。以右脚为中心逆时针转体 270 度，左脚落于身体前侧，呈左行走步，右臂屈肘呈中位格挡。

8 以左脚为中心顺时针转体 180 度，右脚向前移动呈右行走步，右臂屈肘收于体侧，左臂屈肘呈中位格挡。以右脚为中心向逆时针方向转体 90 度，左脚落于身体前侧，呈左行走步，右臂屈肘收于体侧，左臂向下格挡。

正面视角

⑧

正面视角

⑨

9 双臂屈肘收于腰侧，左腿支撑身体，右腿伸直上踢。

正面视角

⑩

10 右脚落于身体前侧，呈右行走步，同时右臂伸直向前呈中位直拳。

正面视角

⑪

正面视角

⑫

11 双臂屈肘收于腰侧，右腿支撑身体，左腿伸直上踢。

12 左脚落于身体前侧，呈左行走步，同时左臂伸直向前呈中位直拳。

→

→

⑬

13 双臂屈肘收于腰侧，左腿支撑身体，右腿伸直上踢。右腿落于身体前侧呈右行走步，右臂伸直向前呈中位直拳。接着以右脚为中心向逆时针方向转体 180 度，恢复准备姿势。

4.4.3 太极三章

太极三章为充满活力的品势，对应八卦的"离"卦。"离"的意思为火，充满热情，因此太极三章是以移动为基础的品势，包括腿部的上踢、扫下段及手部的手刀等攻击技术。

1 双脚左右开立，间距略比肩宽，双手握拳置于体前，挺胸收腹，目视前方。身体向左侧转体 90 度，左脚向左前方移动呈左行走步，左臂伸直向下格挡。双臂屈肘收于体侧，左腿支撑身体，右腿伸直上踢。

①

2 右脚落于身体前侧，屈膝呈右弓步，左臂屈肘收于腰侧，右臂伸直向前呈中位直拳。双脚姿势不变，右臂收回，左臂伸直向前呈中位直拳。

②

③

3 以左脚为中心向顺时针方向转体 180 度，右脚顺势移动并向前迈步呈右行走步，左臂屈肘收于体侧，右臂伸直向下格挡。双臂屈肘收于体侧，右腿支撑身体，左腿伸直上踢。

④

4 左脚落于身体前侧，屈膝呈左弓步，右臂屈肘收于体侧，左臂伸直向前呈中位直拳。双脚姿势不变，左臂收于体侧，右臂伸直向前呈中位直拳。

5 以右脚为中心向左侧转体 90 度，左脚随之移动呈左行走步，右手由拳变掌，呈手刀攻击。右脚向前迈步呈右行走步，右臂屈肘收于腰侧，左手由拳变掌，呈手刀攻击。

⑤

⑥

6 以右脚为中心向左侧转体 90 度，左脚随之移动并向前迈步，重心稍靠后，呈三七步，同时左手呈手刀进行中位格挡。左脚前移，呈左弓步，同时左臂收回，右臂呈中位直拳向前攻击。

7 然后以左脚为中心顺时针转体 180 度，右脚随之移动并使重心稍靠后，呈三七步，同时右手呈手刀进行中位格挡。右脚前移，呈右弓步，右手收回腰侧，左臂伸直向前呈中位直拳。

⑦

8 以右脚为中心向左侧转体 90 度，左脚随之移动呈左行走步，左臂屈肘收于体侧，右臂屈肘呈中位格挡。右脚向前迈步呈右行走步，右臂收于体侧，左臂屈肘呈中位格挡。

⑧

⑨

9 以右脚为中心逆时针转体 270 度，左脚随之落于身体前侧，呈左行走步，同时左臂伸直向下格挡。双臂屈肘收于体侧，左脚支撑身体，右腿伸直上踢。

⑩

10 右脚落于身体前侧，呈右弓步，左臂收于腰侧，右臂伸直向前呈中位直拳。双腿姿势保持不变，右臂收于体侧，左臂伸直向前呈中位直拳。

⑪

11 以左脚为中心向顺时针方向转体 180 度，右脚随之落于身体前侧，呈右行走步，左臂收于腰侧，右臂伸直向下格挡。双臂屈肘收于体侧，右腿支撑身体，左腿伸直上踢。

12 左脚落于身体前侧，呈左弓步，右臂收于腰侧，左臂伸直向前呈中位直拳。双腿姿势保持不变，左臂收回体侧，右臂伸直向前呈中位直拳。

⑫

13 以右脚为中心向左侧转体 90 度，左脚随之落于身体前侧呈左行走步，右臂收于腰侧，左臂伸直向下格挡。

正面视角

⑬

正面视角

⑭

14 右脚向前迈步，呈右行走步，同时左臂收于腰侧，右臂伸直向前呈中位直拳。

正面视角

正面视角

⑮

15 双腿姿势保持不变，右臂收于腰侧，左臂伸直向前呈中位直拳。双臂屈肘收于腰侧，右腿支撑身体，左腿伸直上踢。

正面视角

正面视角

⑯

16 左脚落于身体前侧，呈左行走步，左臂伸直向下格挡。双脚姿势保持不变，左臂收于体侧，右臂伸直向前呈中位直拳。

正面视角

17 双臂屈肘收于体侧，左腿支撑身体，右腿伸直上踢。

⑰

正面视角

18 右脚落于身体前侧，呈右行走步，同时右臂伸直向下格挡。

⑱

正面视角

19 双腿位置保持不变，右臂收于腰侧位置，左臂伸直向前呈中位直拳。以右脚为中心逆时针转体 180 度，双臂下放，恢复准备姿势。

⑲

第5章

跆拳道中级到高级需掌握的技能

5.1 基本腿法

跆拳道中有很多腿法动作对于技术和身体的灵活性的要求较高。在前面介绍了基本的前横踢、后横踢和下劈等腿法后,下面我们再学习另外几种腿法。

5.1.1 旋风踢

旋风踢是非常实用的跆拳道技术,旨在通过转体造成的旋转力进行进攻。在极具攻击力的同时,旋风踢还是一个连贯、流畅、观赏性较强的动作。

1 预备姿势为右势,双手握拳护在身体前方。

2 以右脚为中心,左腿抬起,身体向逆时针方向快速旋转270度,随后右脚在左脚落地前蹬地发力。

① ②

3 右腿在左脚落地前屈膝跳起。

4 左脚落地,右腿迅速向前踢出,身体随之向逆时针方向旋转90度。

5 右脚向前落下,调整为右势。

③ ④ ⑤

5.1.2 后旋踢

后旋踢以横踢和旋风踢为基础，在实战中的使用频率很高。由于转体增加了动作难度，建议在练习前进行热身，否则容易伤到腰部。

①

②

注意起腿要快，动作连贯。

1 预备姿势为左势，双手握拳护在身体前方。

2 以左脚为中心，向右后方转体 180 度，右腿提起，重心偏向左腿。

③

3 右脚向斜上方踢出，用脚掌攻击，双臂握拳放于腹部，保持平衡。

⑤

④

5 踢击完毕，右脚向后落下，调整为左势。

4 以左脚为轴，用腰部力量带动身体旋转，将右脚上踢到最后处，身体下压。

5.1.3 勾踢

勾踢是跆拳道腿法之一，攻击路线为侧向，又叫侧摆踢，攻击目标通常是对手的头部两侧，是可以给对手造成有力威胁的腿法。

> **知识点**
>
> 勾踢的主要发力位置为腰部、腿部，小腿向后钩起时速度要快。

1 预备姿势为左势，左脚在前，右脚在后，双拳护在身前，目视前方。

2 左腿直线平蹬，右腿支撑身体。

① ②

3 左腿屈膝，小腿向左后方勾踢。

4 左腿顺势收回，左脚着地，恢复成左势。

③ ④

📖 5.1.4 双飞踢

　　双飞踢是一种动作迅速、出其不意且得分率较高的攻击腿法。双飞踢指在未落地的时候使用两次或者多次踢击动作进行攻击。

①

②

③

1 预备姿势为左势，双手握拳护于身体前方。

2 左腿向下微屈，右腿迅速前踢。

3 在右腿落下的同时，左腿向上提起，使身体腾空，上身略微后仰。

④

⑤

4 左腿快速向前踢出。

5 然后左腿落下，调整为左势。

5.2 组合腿法

在跆拳道实战中，双方处于不停的运动中，快速、精准的腿法是进攻的前提，组合腿法的运用能使进攻者所发动的攻击更加强劲。

5.2.1 右后横踢 + 左后旋踢

这套是防守加进攻的组合腿法，先用后横踢攻击对手的中段，再用后旋踢攻击对手的面部和胸部。

① ② ③

1 预备姿势为左脚在前、右脚在后的左势，目视前方，双拳护在身前。

2 左脚蹬地发力，向左转体 180 度，右腿抬起，膝盖冲左，大小腿折叠，同时提髋。

3 上身向左后方倾斜，将右脚迅速横踢出去。

4 右腿横踢完后迅速收回小腿，上身稍微抬起，重心落于左脚。

5 将右脚收回并落下，调整为右势。

④ ⑤

左腿向后踢至最大限度。

⑥ ⑦ ⑧

6 以右脚为轴，向左后方转体 180 度，左腿向斜上方踢出。

7 用腰部力量带动身体旋转，将左腿上踢到最后处，身体下压。

8 击打后，将左腿收回并落下，仍然呈右势姿势。

技术关键

注意左腿弯曲，按照箭头所示方向，左腿从左侧向右侧划出弧度。

5.2.2 右后横踢 + 双飞踢 + 左后踢

这套腿法组合的攻击力很强，但动作组成较为复杂，需要进行大量练习以熟练掌握。

1 预备姿势为左势，双拳护在身前，目视前方。

2 左脚外旋，带动身体左转，右腿屈膝上抬。

3 右腿小腿快速弹踢，着力点在脚背。

4 右腿完成踢击动作后迅速撤回。

5 右脚着地，此时为右势。

①

②

击打目标后小腿收回速度要快。

③

④

⑤

⑥

⑦

右脚蹬地，左腿顺着蹬地的力道提膝。

6 右脚保持身体稳定，同时左腿上抬。

7 左腿在还未落下之时，右腿上踢，上身后仰，身体处于腾空状态。

⑧

⑩

⑨

8 右腿快速向前踢出。

9 踢出后迅速撤回，上身稍微抬起，重心落于左脚。

10 右脚着地，调整为右势。

11 以右脚为轴,向左转体,同时左腿向上抬起。

側面視角

⑪

⑫

知识点

在击打对手的上段或进行反击时,可采用后踢技术。

12 上身前倾,沉肩,左腿向后快速直线蹬出。

13 继续转体,左腿收回并落下,呈左势。

⑬

5.2.3 双飞踢 + 后踢

这套腿法先用双飞踢来进攻对手的头部、胸部或腹部，然后采取后踢进攻对手的中段。

① ②

1 预备姿势为右势，接着右脚蹬地，左腿借力向上抬起，大腿带动小腿，身体稍微向后倾，重心移向右脚。

2 左腿开始下落，趁左腿还未落下之时，右腿上抬，腰部左转，右腿的小腿在大腿的带动下，向前踢出，随后收回落下。注意踢出的时候，要送髋，小腿的踢出动作要快。

③

3 以落地的右脚为中心，向左后方转体，同时上抬左腿。然后上身前压，沉肩，左腿快速直线后踢。踢击动作完成后，上身抬起，继续左转，调整为左势。

5.2.4 双飞踢 + 后踢 + 后旋踢

这套腿法在实战中可以与其他技术动作配合进行攻击或直接用于反击。

①

②

1 预备姿势为右势，右脚在前，左脚在后，目视前方，双拳护在身前。

2 右脚蹬地发力，左腿借力上抬。

③

知识点

双飞踢动作要连贯，用连贯发力的双腿攻击对手。

④

3 左腿开始下落，趁左腿还未落下之时，右腿上抬，腰部左转，且上身略微后倾。

4 用右腿的大腿带动小腿，向前踢出。

5 以落地的右脚为中心，向左转体，同时左腿上抬。

6 上身向前侧倾，右肩微下沉，左腿随即迅速向后沿直线踢出。

7 继续向左转体，同时左腿收回并落下，呈左势。

⑤

⑥

⑦

⑧

8 以左脚为中心，向右后转体180度，同时右腿提起向斜上方踢出，用脚掌攻击。

9 身体下压，腰部带动身体继续右转，将右脚上踢到最后处。

10 右腿随转体动作收回并落下，呈左势。

⑩

⑨

5.3 品势

太极四章至太极八章的技术动作难度和编排复杂程度较太极一章至太极四章有较大幅度的提升。

5.3.1 太极四章

太极四章的要义与八卦中"震"卦的要义相同。"震"是雷电的意思,有震慑、震动的寓意,同时带有警惕性。太极四章中的动作,偏于攻击与防守,手刀、贯手、侧踢、中段外防是其主要动作。练习过程中,重心要稳定。

①

1 双脚左右开立,间距略比肩宽,双手握拳置于体前,挺胸收腹,目视前方。以右脚为中心向左转体 90 度,左脚向左侧迈步,呈三七步,双手呈手刀进行格挡。右脚顺势向前迈步,呈右弓步,右臂伸直且右手呈手刀向前攻击,同时左臂屈肘,左手置于右臂下方。

2 以左脚为中心向顺时针方向转体 180 度,同时右脚向前迈步,并使重心稍靠后,呈三七步,双手呈手刀进行格挡。接着左脚向前迈步呈左弓步,左臂伸直且左手呈手刀向前攻击,同时右臂屈肘,右手置于左臂下方。

②

③

3 以右脚为中心向左转体 90 度，左脚向左前方迈步，呈左弓步，右手呈手刀横砍攻击，左臂屈肘于头部上方，左手呈手刀进行格挡。双手握拳收于腰部两侧，左腿支撑身体，右腿伸直上踢。

4 右腿落于身体前侧，呈右弓步，左臂伸直，直拳向前攻击。动作不停，身体稍向右转，左腿伸直向上侧踢。

④

⑤

5 左脚落于身体前侧，呈左势，双手握拳置于身体前侧。左脚支撑身体，身体左转，右腿伸直向上侧踢。

6 右脚落于身体前侧，呈三七步，双手呈手刀进行格挡。以右脚为中心逆时针转体 270 度，左脚落于前方，并使重心稍靠后，呈三七步，右臂收于体侧，左手握拳进行中位格挡。双臂收于体侧，左脚支撑身体，右腿伸直上踢。

⑥

7 右脚落于身体后侧呈三七步，右手握拳进行中位格挡。以左脚为中心顺时针转体 180 度，右脚在前，重心稍靠后，呈三七步，左臂收于体侧，右手握拳进行中位格挡。

⑦

8 双臂收于体侧，右脚支撑身体，左腿伸直上踢。左脚下落于身体后侧，呈三七步，右臂收于体侧，左手握拳进行中位格挡。

⑧

正面视角

⑨

9 以右脚为中心逆时针转体 90 度, 左脚随之移动呈左弓步, 右臂伸直向前且右手呈手刀攻击, 左臂屈肘于头部上方, 左手呈手刀进行格挡。

10 双臂收于体侧, 左脚支撑身体, 右腿伸直上踢。

正面视角

⑩

正面视角

⑪

11 右腿向下落于身体前侧, 呈右弓步, 左臂屈肘于体侧, 右臂屈肘, 右手呈背拳发起攻击。

12 以右脚为中心逆时针转体90度，左脚随之移动，呈左行走步，右臂屈肘收于体侧，左臂屈肘进行中位格挡。双脚位置保持不变，左臂收回体侧，右臂伸直向前呈中位直拳。

⑫

13 以左脚为中心顺时针转体180度，右脚随之移动呈右行走步，左臂收于体侧，右臂屈肘进行中位格挡。双脚位置不变，右臂屈肘收回腰侧，左臂伸直向前呈中位直拳。

正面视角

⑬

14 以右脚为中心逆时针转体90度，左脚随之移动呈左弓步，右臂收于腰侧，左臂屈肘进行中位格挡。

⑭

正面视角

15 双腿位置保持不变，左臂屈肘收于腰侧，右臂伸直向前呈中位直拳。

⑮

正面视角

16 双腿姿势保持不变，右臂收回腰侧，左臂伸直向前呈中位直拳。

⑯

正面视角

17 右脚向前迈步呈右弓步，同时左臂屈肘收于腰侧，右臂屈肘进行中位格挡。

⑰

正面视角

⑱

18 双腿姿势保持不变，右臂屈肘收于腰侧，左臂伸直向前呈中位直拳。

正面视角

⑲

⑳

19 接着左臂收回，右臂伸直向前呈中位直拳。

20 以右脚为中心逆时针转体 180 度，双手握拳于体前位置，恢复准备姿势。

5.3.2 太极五章

太极五章的要义同八卦中"巽"卦的要义一样。"巽"是风的意思，风有强风，也有微风。所以太极五章的开始动作以单调、平静为主，但到了后半段则逐渐变强，并且还要使用砸击、肘打等技法。

①

1 双脚左右开立，间距略比肩宽，双手握拳置于体前，挺胸收腹，目视前方。以右脚为中心向左转体 90 度，左脚向左前方迈步，呈左弓步，右臂屈肘收于体侧，左臂伸直向下格挡。接着左脚收回一步，左手握拳向下锤击。

②

2 以左脚为中心向右转体 180 度，之后右脚向前迈步，呈右弓步，左臂屈肘收于腰侧，右臂伸直向下格挡。接着右脚收回一步，双腿伸直，右臂伸直，右手握拳向下锤击。

技术关键

进行中位格挡时，始终保持掌心向内腕部挺直。

3 以右脚为中心向左转体 90 度，随后左脚向前迈步呈左弓步，右臂收于腰侧，左臂屈肘向前进行中位格挡。接着左臂收于腰侧，右臂屈肘向前进行中位格挡。

③

4 双臂收于体侧，左腿支撑身体，右腿伸直上踢。右脚落于身体前侧呈右弓步，右臂向前背拳攻击。

④

⑤

5 双脚位置保持不变，右臂收于腰侧，左臂屈肘向前进行中位格挡。双臂收于体侧，右腿支撑身体，左腿伸直上踢。

技术关键

握拳贴在腰侧，拳心向上。

6 左腿落于身体前侧呈左弓步，左臂屈肘，
背拳向前攻击。双腿姿势保持不变，左臂
收于腰侧，右臂屈肘向前进行中位格挡。

⑥

⑦

⑧

7 右脚向前迈步，呈右弓
步，左臂收于腰侧，右
臂向前背拳攻击。

8 以右脚为中心逆时针转体 270 度，左脚随之落于身体前侧，重
心稍靠后，呈三七步，右臂收于体侧，左臂呈手刀向前进行中
位格挡。接着右脚向前迈步，呈右弓步，上身随之左转，右臂屈
肘上抬与肩部齐平，右肘向前攻击，左手扶右拳。

9 以左脚为中心顺时针转体180度，右脚随之移步，重心稍靠后，呈三七步，同时左臂屈肘收于体侧，右臂屈肘于身体前侧，右手呈手刀进行格挡。左脚向前迈步呈左弓步，上身随之右转，左臂屈肘上抬至与肩部齐平，左肘向前攻击，右掌扶左拳。

⑨

正面视角

⑩

10 以右脚为中心向左转体90度，左脚随之迈步，呈左弓步，右臂屈肘收于体侧，左臂伸直向下格挡。

正面视角

11 双脚位置保持不变，左臂收回腰侧，右臂屈肘向前进行中位格挡。

⑪

正面视角

正面视角

⑫

12 双臂收于体侧，左腿支撑身体，右腿伸直上踢。

13 右脚落于身体前侧，呈右弓步，右臂伸直向下格挡。

⑬

正面视角

⑭

14 双腿姿势不变，右臂屈肘收于体侧，左臂屈肘向前进行中位格挡。

15 以右脚为中心逆时针转体 90 度，左脚随之向前迈步呈左弓步，左臂屈肘于头部上方进行格挡。

⑮

⑯

16 重心移至左脚，保持身体稳定，右腿伸直侧踢，同时右臂伸直向上出拳。右脚落于身体前侧，呈右弓步，同时双臂屈肘向前攻击。以左脚为中心顺时针转体 180 度，之后右脚向前迈步呈右弓步，同时左臂收于体侧，右臂屈肘于头部上方进行格挡。

正面视角

⑰

⑱

17 重心移至右腿，左腿伸直侧踢，同时左臂伸直向上出拳。左脚落于身体前侧，呈左弓步，同时双臂屈肘向前攻击。

18 以右脚为中心逆时针转体 90 度，左脚随之向前迈步，呈左弓步，右臂收于腰侧，左臂伸直向下格挡。

正面视角

⑲

19 双腿姿势保持不变, 左臂收于体侧,
右臂屈肘向前进行中位格挡。

正面视角

⑳

20 双臂收于身体两侧, 左腿支撑身体,
右腿伸直上踢。

正面视角

㉑

21 在右脚落地前, 向前跳跃一步呈交叉步姿势, 左脚脚尖点地, 同时左臂收于体侧, 右臂屈肘
背拳向前攻击。接着身体逆时针旋转回正, 恢复准备姿势。

5.3.3 太极六章

太极六章的要义与八卦中的"坎"卦相似。"坎"意为水，以柔为主。太极六章以舒缓柔软的风格为主，转体、回旋踢和手刀等动作较多。

1 双脚左右开立，间距略比肩宽，双手握拳置于体前，挺胸收腹，目视前方。以右脚为中心向左转体 90 度，左脚随之向左前方迈步，呈左弓步，右臂收于体侧，左臂伸直向下格挡。

①

2 双拳贴于体前，左脚支撑身体，右腿伸直上踢。右脚落于身体后侧，呈三七步，左臂屈肘向前进行中位格挡。

②

3 以左脚为中心向右侧转体 180 度，右脚随之向前迈步呈右弓步，左臂收于体侧，右臂伸直向下格挡。双臂收于体侧，右腿支撑身体，左腿伸直上踢。

③

4 左脚落于身体后侧呈三七步，左臂屈肘收于体侧，右臂屈肘向前进行中位格挡。接着以右脚为中心向左转体 90 度，左脚向左前方迈步，呈左弓步，右臂屈肘向前，右手呈手刀进行格挡。

④

5 双臂收于体前，左腿支撑身体，右腿伸直，向前高位横踢。保持身体重心稳定，右腿屈膝缓慢下放。

⑤

6 右脚落于身体前侧，之后向左转体 90 度，左脚向左前方迈步，呈左弓步，右臂收于腰侧，左臂屈肘向前进行高位格挡。保持双腿姿势不动，左臂收回，右臂伸直向前呈中位直拳。

⑥

7 双臂收于体侧,左腿支撑身体,右腿伸直上踢。右脚落于身体前侧,左臂伸直向前呈中位直拳。

⑦

8 以左脚为中心逆时针转体180度,右脚随后向前迈步,呈右弓步,左臂收于腰侧,右臂屈肘向前进行高位格挡。保持双腿姿势不动,右臂收回,左臂伸直向前呈中位直拳。

⑧

9 双臂收于体侧,右腿支撑身体左脚伸直上踢。左脚下放,落于身体前侧,呈左弓步,右臂伸直向前呈中位直拳。

⑨

10 以右脚为中心向左侧转体90度,左脚向左侧迈步,双手握拳,双臂屈肘,相交于胸部前侧。身体保持直立,双臂伸直并向身体两侧打开,呈低位格挡姿势。

⑩

⑪

11 右脚向前进步,呈右弓步,右手握拳于胸前防御,左手呈手刀向下格挡。双腿姿势不变,右手握拳收于腰侧,左手呈手刀向上格挡。

⑫

12 双臂收于体前,右腿支撑身体,左腿伸直,向前高位横踢。左脚落于身体前侧,紧接着以左脚为中心向逆时针方向转体270度,右脚随之移动呈右弓步,右臂伸直向下格挡。接着双臂屈肘收于腰侧,右腿支撑身体,左腿伸直上踢。

⑬

13 左脚落于身体后侧，呈三七步，左臂屈肘收于体侧，右臂屈肘向前进行中位格挡。接着以右脚为中心向逆时针方向转体 180 度，左脚随之移动呈左弓步，左臂伸直向下格挡。双臂屈肘收于腰侧，左腿支撑身体，右腿伸直上踢。

⑭

14 右脚落于身体后侧，呈三七步，右臂收于体侧，左臂屈肘向前进行中位格挡。以左脚为中心向逆时针方向转体 90 度，右脚随之迈步呈三七步，左手在前、右手在后且双手呈手刀进行格挡。接着左脚后移一步，身体左转，呈三七步，此时右手在前、左手在后且双手呈手刀进行格挡。

⑮

15 右脚后撤一步，呈左弓步，右手变拳收于腰侧，左手变掌进行中位格挡。双脚位置不变，右臂伸直向前呈中位直拳，左手握拳收于腰侧。

⑯

16 左脚后移一步，呈右弓步，右手由拳变掌进行中位格挡，左手握拳置于腰侧。右手由掌变拳，收于腰侧，同时左臂伸直向前呈中位直拳。左脚向前，双脚平行站立，双手握拳置于体前，恢复准备姿势。

5.3.4 太极七章

太极七章同八卦中"艮"卦意义接近。"艮"是山的意思，厚重而稳定。因此太极七章的动作比之前的难度更加大，所以在演练时，这章的每一个技术动作需要以稳重的力量来控制。

1 双脚左右开立，间距略比肩宽，双手握拳置于体前，挺胸收腹，目视前方。以右脚为中心向左转体 90 度，左脚向左侧迈步且脚尖踮起，右脚在后，双膝微屈，呈虎足步，左臂屈肘向后，右手呈手刀进行中位格挡。

①

2 双臂收于腰部两侧，左腿支撑身体，右腿伸直上踢，脚尖钩起。右脚落于身体后侧，呈虎足步，右臂屈肘收于腰侧，左臂屈肘向前进行中位格挡。

②

③

3 身体向右转体 180 度，右脚在前呈虎足步，左臂屈肘，左手由拳变掌进行中位格挡。双手握拳收于体侧，右腿支撑身体，左腿伸直上踢。左脚落于身体后侧，恢复虎足步，右臂屈肘向前进行中位格挡。

④

4 以右脚为中心向左转体 90 度，左脚随之移动，重心靠后，呈三七步，双手呈手刀向下格挡。右脚向前迈步呈三七步，双臂交换位置，双手呈手刀向下格挡。身体继续向左侧旋转 90 度，左脚上前进步呈虎足步，右掌向内格挡，左臂屈肘位于右臂下方。

⑤

⑥

5 双脚姿势保持不变，右掌变背拳向前攻击。

6 以左脚为中心向顺时针方向转体 180 度，右脚随之移动，呈虎足步，右臂收于腰侧，左手变掌向内格挡。

⑦

⑧

7 双脚姿势不变，左掌变背拳向前攻击，右臂屈肘置于左臂下方。

8 以左脚为中心向左侧转体 90 度，双脚并拢，双手抱拳于身体前侧。

⑨

9 左脚向前迈步，呈左弓步，双手握拳，左下右上置于身前。然后左臂屈肘向上进行中位格挡，右臂伸直向下格挡。接着双臂交换位置，右臂屈肘向上进行中位格挡，左臂伸直向下格挡。

⑩

10 右脚向前迈进一步，呈右弓步，双手握拳，右下左上置于身前。然后右臂屈肘向上进行中位格挡，左臂伸直向下格挡。接着双臂交换位置，左臂屈肘向上进行中位格挡，右臂伸直向下格挡。

⑪

11 以右脚为中心向逆时针方向转体 270 度，同时左脚向前迈步呈左弓步，双手握拳，向前格挡。双腿姿势不变，双手由拳变掌，双臂伸直且微微上抬。接着双手由掌变拳，双臂迅速下拉，同时右腿屈膝上顶。

12 右脚落地前，向前跳跃呈交叉步，双手握拳置于腰侧，拳心朝上。右脚保持不动，左脚向后撤一步呈右弓步，双手握拳向下交叉格挡。

13 以左脚为中心向顺时针方向转体 180 度，同时右脚向前迈步呈右弓步，双臂前伸格挡。双腿姿势保持不变，双手变掌，双臂伸直向上且微微上抬。接着双手由掌变拳，双臂迅速下拉，同时左腿屈膝上顶。

14 左脚落地前，向前跳跃呈交叉步，双手握拳置于身体两侧，拳心向上。左脚保持不动，右脚后撤一步，呈左弓步，双臂伸直向下进行交叉格挡。

正面视角

⑮

正面视角

⑯

15 以右脚为中心向左侧转体 90 度，左脚随之移动呈左行走步，右臂屈肘收于体侧，左臂伸直进行背拳攻击。

16 保持身体重心稳定，左脚支撑身体，右腿屈膝抬起，左手变掌；右脚与左手相触。

正面视角

⑰

正面视角

⑱

17 右脚落地，同时身体左转 90 度，双腿呈马步，双臂于胸前屈肘右肘位于左掌下方，右拳位于左肘下方。

18 向右转体 90 度，右脚向前一步呈右行走步，左臂收于体侧，右臂伸直进行背拳攻击。

正面视角

⑲

19 右脚支撑身体,左腿屈膝抬起,右手变掌,左脚与右手相触。

正面视角

⑳

20 左脚落地,同时身体右转 90 度,双腿呈马步,双臂于胸前屈肘,左肘位于右掌下方,左拳位于右肘下方。

正面视角

㉑

21 双腿姿势保持不变,右臂屈肘收于腰侧,左手呈手刀进行中位格挡。

正面视角

22 以左脚为中心向左侧转体180度，右脚随之移动，双腿呈马步，左臂收于腰侧，右臂伸直向体侧呈中位直拳。

㉒

知识点

中位直拳向前攻击时，务必保持手臂伸直，并且出拳要迅速。

23 以右脚为中心向左转体90度，恢复准备姿势。

㉓

5.3.5 太极八章

太极八章与八卦中的"坤"卦含义相似。"坤"的寓意为大地，是万物赖以生存、生长的源头。所以太极八章是级位者的最后一课，同时也是段位者的初始阶段练习内容。该章动作少有重复，有多种变化。

①

1 双脚左右开立，间距略比肩宽，双手握拳置于体前，挺胸收腹，目视前方。左脚率先向前迈进一步，重心靠后，呈三七步，双手握拳进行中位格挡。左腿向前滑步，呈左弓步，左臂屈肘收于体侧，右臂伸直向前呈中位直拳。

2 重心移至左腿，左脚蹬地，右腿屈膝向上抬起，双臂屈肘上抬至胸前。右脚落地后迅速蹬地，左腿伸直向上高位前踢。

②

3 左脚落于身体前侧，呈左弓步，右臂收于体侧，左臂屈肘向上进行中位格挡。双腿姿势不变，左臂收回，右臂伸直向前呈中位直拳。接着右手收于腰侧，左臂伸直向前呈中位直拳。

③

4 右脚向前迈步，呈右弓步，左手收于腰侧，右臂伸直向前呈中位直拳。动作不停，以右脚为中心，逆时针转体180度，左脚随之迈步，呈右侧弓步，右臂屈肘向上进行高位格挡，左臂伸直向下格挡。

④

5 双脚位置不变，身体左转90度，呈左弓步，左臂屈肘内拉，右臂向腰部收回再屈肘向前进行中位格挡。身体右转90度，左脚向右脚前侧迈步，双脚呈交叉步。

⑤

⑥

6 接着右脚向右侧方移动,双腿呈左侧弓步,同时左臂屈肘向上进行高位格挡,右臂伸直向下格挡。双脚位置不动,身体右转 90 度,变为右弓步,同时右臂屈肘内拉,左臂向腰部收回再屈肘向前进行中位格挡。

⑦

7 以左脚为中心身体左转270度,右脚随之移动,呈三七步,双手呈手刀进行格挡。左脚向前滑步,呈左弓步,左臂屈肘收于腰侧,右臂伸直向前呈中位直拳。保持身体稳定,左脚撑地,右腿伸直上踢。右脚落于原处,左脚后移,呈虎足步,左臂收于体侧,右手呈手刀进行中位格挡。

⑧

⑨

8 以右脚为中心身体逆时针旋转90度，左脚随之移动呈虎足步，双手呈手刀进行格挡。双手握拳收于体侧，右腿支撑身体，左腿伸直上踢。

9 左脚落于身体前侧，呈左弓步，左臂收于体侧，右臂伸直向前呈中位直拳。左脚向右脚靠近一步，呈虎足步，左手呈手刀向内格挡，右臂收于体侧。

⑩

⑪

10 以左脚为中心身体右转180度，右脚随之移动呈虎足步，双手呈手刀进行格挡。双手握拳收于体侧，左腿支撑身体，右腿伸直上踢。

11 右脚落于身体前侧，呈右弓步，左臂伸直向前呈中位直拳，右臂收于腰侧。

正面视角

⑫

12 右脚向左脚靠近一步，呈虎足步，左手收于体侧，右手呈手刀向内格挡。接着以左脚为中心向右转体 90 度，右脚向前进一步，重心靠后，呈三七步，右臂伸直向下格挡，左手握拳在胸前防御。

正面视角

⑬

正面视角

⑭

13 双手收于腰侧，右腿支撑身体，左腿伸直上踢。

14 左腿落地之前，右腿蹬地迅速向上跳起前踢。

正面视角
⑮

正面视角
⑯

15 右腿落于身体前侧，呈右弓步，左手收于腰侧，右臂屈肘向前进行中位格挡。

16 双脚保持不动，右臂收于体侧，左臂伸直向前呈中位直拳。

正面视角
⑰

⑱

17 双脚仍保持不动，左臂收回，右臂伸直向前呈中位直拳。

18 以右脚为中心身体逆时针旋转 270 度，左脚随之移动，呈三七步，右拳收于腰侧，左手呈手刀进行中位格挡。左脚向前迈步，双腿呈左弓步，左手握拳收于腰侧，右臂屈肘向前攻击。

19 双腿姿势不变，右臂屈肘向前，右手呈背拳向前攻击。接着右臂收回腰侧，左臂伸直向前呈中位直拳。

⑲

20 以左脚为中心身体顺时针旋转180度，重心靠后，呈三七步，左臂收于腰侧，右手呈手刀进行中位格挡。右脚稍向前移，双腿呈右弓步，右手握拳收于体侧，左臂屈肘向前攻击。

⑳

㉑

21 双腿姿势不变，左臂屈肘向前，左手呈背拳攻击。左手收于腰侧，右臂伸直向前呈中位直拳。动作完成后，向左转体90度，身体回正，恢复准备姿势。

· 第6章 ·

体能强化训练

6.1 耐力强化训练

耐力是较长时间进行运动并克服疲劳的能力。对于对抗性强、运动强度较大的跆拳道运动来说，耐力训练是保障和提升训练者在训练时及比赛场上的运动表现的重要方法。

6.1.1 开合跳

开合跳是最常见的有氧练习之一，可有效发展身体协调性、跳跃能力和灵活性。

侧面视角

1 身体直立，双脚并拢，双臂自然下垂放于身体两侧，双眼目视前方。

①

侧面视角

2 保持腹部收紧，双脚蹬地向上跳起，双臂伸直打开至双手在头顶上方合十，同时双脚打开落地。

②

🔲 6.1.2 登山跑

登山跑可以有效强化核心力量及肩关节稳定性。动作过程中应注意保持躯干稳定，避免旋转，同时应注意保持支撑腿伸直。

1 双臂伸直撑地，双手距离与肩同宽，指尖朝前，双腿向后伸直，双脚脚尖着地。

①

2 收紧腹部，左腿屈膝上抬至髋部下方。

②

3 蹬直左腿，右腿屈膝上抬至髋部正下方。

③

6.1.3 两头起

两头起是常用的耐力训练动作之一，可躺在地面或垫子上进行。

①

1 身体平躺，双臂上举，双手掌心朝上，使身体完全与地面接触。

侧面视角

2 以髋部为中点，双臂与双腿同时向上方举起。

②

侧面视角

3 在保持双臂与双腿伸直的同时使其尽可能地向上方伸展至双手可以接触到脚尖，并在动作最高点停留几秒。

③

4 将双臂和双腿还原，返回平躺于地面的姿势。

④

6.1.4 平板支撑

平板支撑可以有效强化核心稳定性及力量，同时发展脊柱力量及稳定性。

保持核心收紧，身体呈一条直线

平板支撑：前臂撑地，双肘位于肩关节正下方，双腿向后伸直，双脚脚尖着地。

知识点

可通过交替上抬双腿，交替上举双臂，以及转体等方式进行平板支撑的变式练习。

6.2 力量强化训练

　　跆拳道运动是一个对力量和身体协调性的综合要求较高的对战项目，所以练习者的力量需要达到一定水平，这也是提高技术能力和运动成绩的基础，并且力量水平会直接影响练习者的其他能力的发展。

6.2.1 深蹲跳

　　深蹲跳可以有效强化下肢的力量及离心缓冲的能力。

①

②

③

1 双脚分开,间距与肩同宽,双臂自然下垂放于身体两侧,挺胸抬头,目视前方。

2 身体向下蹲至大腿几乎与地面平行,同时双臂屈肘,双手于胸部正前方抱拳。

3 双腿蹬直并竖直向上跳起,同时双臂于身体两侧后方伸直。

知识点

向下深蹲时膝盖和脚尖应朝向正前方,向上跳起时身体应完全伸展,并且一定要保持动作连贯。

侧面视角

6.2.2 动态臀桥

动态臀桥可以有效强化核心力量和稳定性，发展腘绳肌的力量。

①

1 身体平躺，双腿屈膝，手臂于身体两侧伸直，掌心向下。

②

2 臀部发力向上顶髋，至躯干和大腿呈一条直线，且大腿与小腿的夹角约为 90°。

③

3 降低臀部，但不要接触地面。

▣ 6.2.3 俄罗斯转体

俄罗斯转体可以有效强化核心力量。动作过程中应注意保持双腿稳定和下背部挺直。

侧面视角

1 坐在地上，双腿屈膝，双脚离地，双肘屈曲，双手持药球于胸前。

侧面视角

2 利用腹肌的力量转动上半身，双肩带动双臂移动，将药球移至身体左侧。

侧面视角

3 双腿保持不动，将药球移至身体右侧。

6.3 速度强化训练

速度素质对攻防技术和战术的执行与转换效率影响极大。因此，速度训练是跆拳道体能强化训练中的重要内容。

6.3.1 踢靶练习

配合者在拿靶时，应握住靶柄中心稍前的位置。练习者踢靶时，应尽量对准脚靶的中间位置。

①

1 配合者双手持靶，练习者距离其一米外呈左势。

②

2 练习者的左脚蹬地，右腿提膝上抬，重心落在左脚上。

③

3 练习者的右腿伸直，右脚迅速向前方踢出，直至踢到配合者右手上的脚靶。

④

4 踢完后迅速收回右腿小腿，上身稍微抬起。

双臂屈肘握拳，目视
前方。

⑤

5 右脚收回并落下，呈右势。

6.3.2 双脚后踢

进行跆拳道运动前，后踢可以帮助练习者放松和伸展双腿，这可以减少运动时受伤的概率。它还可以帮助练习者更好地锻炼身体，调整出好的状态。

①

②

③

1 双脚并拢，头抬起，身体保持直立，双手五指并拢，放于身体两侧。

2 重心前倾，左腿屈膝并向后踢腿，重心落在右脚上，双手握拳置于胸部两侧。

3 上身保持不动，左腿自然落下，换右腿屈膝并向后踢腿。

侧面视角

6.3.3 抱膝跳

抱膝跳能够提升爆发力,练习时一组的重复次数一般在 10 次以内。

1 双脚并拢,头抬起,身体保持直立,双手五指并拢,放于身体两侧。

①

②

2 双脚离地向上跃起,大腿要向前上方高抬,小腿自然下垂,双臂屈肘置于身体两侧。

3 双腿伸直落地,恢复立正姿势,目视前方。

③

6.3.4 立卧撑跳

立卧撑跳是一种复合性练习，可对全身肌肉进行强化训练。

①

1 双脚并拢，头抬起，身体保持直立，双手五指并拢，放于身体两侧。接着双手分开扶于地面，指尖朝前，双臂伸直。随后双脚同时向后方跳，形成俯卧撑姿势，注意不要塌腰。

2 双腿随即向前跳，保持腿部伸直，双脚位于双手后方。在站起来的同时向上跳，落地后恢复直立姿势，双脚并拢，双臂自然下垂。

②

6.3.5 踢臀跑

　　踢臀跑是非常常见的训练动作，常用作跆拳道的热身训练。踢臀跑是用脚跟去触碰臀部，会运用到腘绳肌及臀部肌群。

①

②

侧面视角

③

1 双脚并拢，头抬起，身体保持直立，双手五指并拢，放于身体两侧。

2 右腿向后屈膝，右脚跟向臀部方向上踢，双手握拳置于胸部两侧。

3 换左腿向后屈膝并上踢，上身保持不变。

在向后踢腿的时候脚跟尽量踢到臀部。

6.4 柔韧性强化训练

在跆拳道实战中，为了避免身体受伤害，同时也为了动作能够更灵活、反应能够更迅速，必须要加强对身体柔韧性的训练。在做每个动作时，如果没有良好的柔韧性，练习者会很容易受伤，而且其攻击能力和防守能力也会下降。下面介绍一些可增强柔韧性的动作练习。

6.4.1 一字马

跆拳道运动中有大量腿部动作，如果柔韧性不够，很容易产生拉伤等损伤。一字马是常用的柔韧性练习之一，可有效提升内收肌的柔韧性。

脚尖向上钩起，尽可能地拉伸大腿。

①

1 双腿伸直坐在地上，并最大限度地贴紧地面。双手扶住两侧大腿，保持身体平衡。

②

2 往前探身，双手向前撑地，上身慢慢往前下压，之后慢慢收回，注意做的时候动作要轻、要慢。

6.4.2 分腿跳

分腿跳可以有效激活下肢肌群，提高下肢柔韧性和力量，同时提升全身的协调性。

①

②

1 身体直立，双脚并拢，双臂自然垂于身体两侧，目视前方。

2 保持上身的姿势不变，双脚发力，将身体推离地面，跃向空中。

③

3 跳跃到最高点时，双腿向两侧伸直打开至最大限度，同时双臂可向两侧伸直打开以维持平衡。

6.4.3 青蛙压胯

青蛙压胯可以使腿部及髋部肌肉得到有效放松，提升其柔韧性。

重心前坐，以膝盖为主要支撑点，保持小腿和大腿呈直角的状态。

背视

侧视

侧视

青蛙压胯：双臂屈肘撑地，双腿向两侧屈膝打开，小腿触地，尽可能地向地面下压髋部和大腿。

正视

·第7章·

跆拳道等级考核知识

7.1 跆拳道等级考核内容

跆拳道运动中，晋升到登记注册、考试到审核、管理到监督再加上惩罚制度的体系被称为段级制度。段级分化以申请人的年龄、技术水平的高低、训练的年限等要求为基础，不同国家依照世界跆拳道联盟的一些考试准则进行考试审核，然后给本协会中通过考核的成员授予段位或级位。级位分为 10 级，水平是从低到高排列的，以下就是跆拳道级别的考试内容。

级别	缎带	升级考核内容
10 级	白带	练习者没有跆拳道基础，从零开始学习，无须考核。
9 级	白黄带	1. 礼仪、礼节：系道带（背身整理道服、立正、行礼）。2. 基本技术：正踢、前踢。3. 基本步法：跳换步、弓步。4. 基本手型拳法：弓步冲拳、马步冲拳
8 级	黄带	1. 礼仪、礼节：系道带（背身整理道服、立正、行礼）。2. 品势：太极一章。3. 基本步法：a. 前滑步、后滑步（左右腿各两组、配合发声）；b. 前交叉步、后交叉步（各两组、配合发声）。4. 基本功：马步冲拳。5. 基本技术：正踢、前踢、横踢（旋踢）、前踢接横踢、横踢接横踢。6. 体能测试：a. 俯卧撑（男 10 个，女 6 个，儿童 4 个）；b. 仰卧起坐（男 15 个，女 8 个，儿童 6 个）；c. 快速左提膝腿 10 次，快速右提膝腿 10 次（支撑腿跳离地面）。7. 考试：叠道服（两人一组）。8. 整理道服，退场
7 级	黄绿带	1. 礼仪、礼节：背身整理道服、立正、行礼。2. 品势：太极一章、太极二章。3. 基本功：弓步下格挡、中格挡、上格挡。4. 拳法：直拳击靶，左右各 3 次。5. 腿法：横踢、下劈、横踢接下劈、横踢接高位横踢。6. 体能测试：a. 俯卧撑（男 15 个，女 10 个，儿童 8 个）；b. 两头起（男 15 个，女 10 个，儿童 8 个）；c. 背肌（男 20 个，女 10 个，儿童 8 个）；d. 快速连续左右提膝腿（男 20 个，女 18 个）。7. 整理道服，退场
6 级	绿带	1. 礼仪、礼节：背身整理道服、立正、行礼。2. 品势：太极三章必考，太极一章或二章中抽考一章。3. 基本功：三七步、单手刀、中格挡。4. 腿法：侧踢、横踢接侧踢、垫步下劈、滑步横踢。5. 体能测试：a. 俯卧撑（男拳 10 个，女夹臂 5 个，儿童 3 个）；b. 两头起（男 20 个，女 12 个，儿童 10 个）；c. 立卧撑跳（男 15 个，女 10 个，儿童 6 个）。6. 整理道服，退场

级别	缎带	升级考核内容
5 级	绿蓝带	1. 礼仪、礼节：背身整理道服、立正、行礼。2. 品势：太极四章必考，太极一至三章中抽考一章。3. 基本功：三七步、双手手刀、外格挡。4. 腿法：双飞、横踢接双飞。5. 体能测试：a. 抱膝跳（男 15 个，女 10 个，儿童 8 个）；b. 拳卧撑（男 15 个，女 5 个，儿童 6 个）；c. 快速转身左、右腿横踢脚靶各 4 次（三人一组）。6. 整理道服，退场
4 级	蓝带	1. 礼仪、礼节：背身整理道服、立正、行礼。2. 品势：太极五章必考，太极一至四章中抽考一章。3. 腿法：后踢、横踢接后踢。4. 体能测试：a. 拳卧撑夹臂（男 15 个，女 8 个，儿童 6 个）；b. 俯卧膝跳（男 10 个，女 6 个，儿童 4 个）；c. 双腿连续转身高位横踢脚靶（共 10 次）。5. 整理道服，退场
3 级	蓝红带	1. 礼仪、礼节：背身整理道服、立正、行礼。2. 品势：太极六章必考，太极一至五章中抽考一章。3. 腿法：360 度横踢（旋风踢）、横踢接旋风踢、三飞。4. 体能测试：a. 拳卧撑夹臂（男 20 个，女 12 个，儿童 8 个）；b. 双腿腾空左右分腿拍脚（男 10 个，女 8 个，儿童 6 个）。5. 整理道服，退场
2 级	红带	1. 礼仪、礼节：背身整理道服、立正、行礼。2. 品势：太极七章必考，太极一至六章中抽考一章。3. 腿法：后旋踢、旋风踢接后旋踢、横踢接后旋踢、原地腾空后旋踢。4. 体能测试：a. 俯卧撑击掌（男 8 个，女 5 个，儿童 3 个）；b. 双腿腾空向前双拍脚接分腿拍脚（男 5 组，女 4 组，儿童 3 组）；c. 指卧撑（五指）（男 8 个，女 4 个，儿童 2 个）。5. 功力击破：两块木板（1 厘米厚）高于自己身高 10 厘米。6. 实战：两分钟一回合。7. 整理道服，退场
1 级	红黑带	1. 礼仪、礼节：背身整理道服、立正、行礼。2. 品势：太极八章必考，太极一至七章中抽考两章。3. 腿法：横踢接旋风踢接后旋踢、横踢接双飞接后踢。4. 体能测试：a. 指卧撑（五指）（男 15 个，女 8 个，儿童 6 个）；b. 左右腿蹲起腾空交替前踢（男 10 次，女 5 次，儿童 4 次）。5. 实战：3 分钟一回合。6. 功力击破：3 块木板（1 厘米）。7. 特技：（一种）高于自己身高 20 厘米（跳、跃、旋转等）8. 整理道服，退场

7.2 跆拳道竞赛规则

在跆拳道比赛中，如果想要得分，就需要使用允许的技术，对有效得分部位进行准确且有力的击打。其中，"准确"要求运动员使用允许的攻击技术完全或最大限度地接触对手允许被攻击的目标范围；"有力"指的是由边裁判员击打力度进行判定，以及由电子感应器（位于电子感应护具中）测量击打力度。

有效得分部位的知识

躯干：护胸上覆盖蓝色或红色的部分，允许使用拳和脚的技术攻击。

头部：锁骨以上的部位，只允许使用脚的技术攻击。

正视　　　　头部　　躯干　　　　侧视